Locos por las ventas

Coordinación editorial:
DÉBORA FEELY

Diseño de tapa:
MVZ ARGENTINA

FACUNDO DE SALTERAIN

Locos por las ventas

Actitud y comportamiento
para ser un vendedor exitoso

GRANICA

BUENOS AIRES - MÉXICO - SANTIAGO - MONTEVIDEO

© 2009 *by* Ediciones Granica S.A.

BUENOS AIRES   Ediciones Granica S.A.
Lavalle 1634 - 3º G
C1048AAN Buenos Aires, Argentina
Tel.: +5411-4374-1456
Fax: +5411-4373-0669
E-mail: granica.ar@granicaeditor.com

MÉXICO   Ediciones Granica México S.A. de C.V.
Cerrada 1º de Mayo 21
Col. Naucalpan Centro
53000 Naucalpan, México
Tel.: +5255-5360-1010
Fax: +5255-5360-1100
E-mail: granica.mx@granicaeditor.com

SANTIAGO   Ediciones Granica de Chile S.A.
Padre Alonso Ovalle 748
Santiago, Chile
E-mail: granica.cl@granicaeditor.com

MONTEVIDEO   Ediciones Granica S.A.
Salto 1212
11200 Montevideo, Uruguay
Tel./Fax: +5982-410-4307
E-mail: granica.uy@granicaeditor.com

www.granica.com

ISBN 978-950-641-551-8

Hecho el depósito que marca la ley 11.723

Impreso en Argentina. *Printed in Argentina*

De Salterain, Facundo
   Locos por las ventas : actitud y comportamiento
para ser un vendedor exitoso . - 1a ed. - Buenos
Aires : Granica, 2009.
   192 p. ; 22x15 cm.

   ISBN 978-950-641-551-8

   1. Ventas. I. Título
   CDD 658.81

*Dedico este libro a mi socia, esposa, novia y mejor amiga,
Mariana Mitchell, quien me hace la vida feliz y plena
desde mis 16 años;*

*a mis hijos Agustín, un creativo nato y un loco afectivo que hizo
del abrazo una forma de vida, a Gonzalo, de una actitud
perseverante, única, que hace que nuestra familia encuentre
energía para lograr sus propósitos, a Nicolás, que me devolvió a mi
juventud en el momento en que cumplía 40 años
y que tiene una personalidad singular
desde los primeros días de vida;*

*a mis suegros, Eduardo y Susana, quienes me ofrecieron su casa
y su contención en el momento de mayor crisis de mi vida,
especialmente a Eduardo, que me contagió la profesión de ventas
y la idea de enseñar a vendedores;*

*a todos los Mitchell, que me han hecho sentir como hermano,
sobre todo Martín, a quien más quiero y más admiro por su entereza
y defensa de sus principios y valores;*

*a mi viejo que, aunque tuvimos momentos dificilísimos de
relación, me llevó a sus clases desde que era un niño y me transfirió
capacidad y amor para enseñar;*

a mi hermosa Valentina, mi ahijada, llena de alegría y decisión;

a mis hermanos y hermanas;

*a los buitres, mis amigos de la vida, mis afectos de la
adolescencia y mis seguros compañeros de la vejez;*

*y a todos los locos que habiendo podido elegir una profesión
fácil, tranquila y reconocida por la sociedad, optaron por una tan
complicada, vertiginosa y desprestigiada, pero al mismo tiempo
fascinante y desafiante, como la de vendedor.*

MI AGRADECIMIENTO

A Alex Dey y Tom Hopkins, *dos motivadores inigualables que me enseñaron a amar mi profesión;*

a la ahora empresaria exitosa Claudia Morales, *que me enseñó a vivir con un plan y a automotivarme para cumplirlo;*

a la EDAN, Escuela de Administración de Negocios, *que confió en mí y me permitió avanzar en mi sueño de docente;*

a mis clientes, *que con sus desafíos han forjado mi experiencia;*

a mis vendedores, *que me han facilitado varios de mis ascensos con sus esfuerzos y ventas;*

a mis alumnos, *que con sus testimonios me han dado el combustible para seguir en la docencia.*

ÍNDICE

INTRODUCCIÓN

Casi sin darme cuenta, la vida me fue llevando a lo que soy ahora. Desde muy chico siempre elegí el juego de vender, ya fuera en la verdulería armada con pasto y plantas mutiladas del jardín de mi pobre abuela, o enseñando en un aula reproducida con sillas del comedor donde sentaba a un grupo conformado por amigos, familiares y muñecos. Si mis compañeros proponían hacer una casa-carpa con las sábanas y los muebles, yo los dejaba armarla mientras me encargaba de vender el espectáculo a los adultos con anuncios como "Estamos haciendo una casa genial, se van a sorprender", y después escribía los carteles para señalizar ("Sala principal", etc.) para darle más valor al esfuerzo.

Tal vez sea esta una de las enseñanzas que les deje a mis hijos: la de preocuparse por saber quiénes son, recordar qué les ha atraído desde pequeños, para adquirir destreza en eso, y amar lo que hacen desde la primera infancia, porque saben lo que quieren ser de adultos. Yo no pude lograrlo hasta muy tarde; no me daba cuenta de que mis amigos me veían como un gran vendedor, buen comunicador, inspirado creativo y me reconocían por mi habilidad para convencer a las personas. Solo veía la parte fea: mi incapacidad de hacer, mi incapacidad de administrar y mi carencia de inteligencia lógica.

Esa falta de visión y, por ende, de un sueño a concretar, fue lo que me llevó muchas veces del éxito al fracaso. Fue lo que me llevó a ser un gran empresario y en poco tiempo un gran desocupado. No saber que soy bueno para las ventas y no para la administración me permitió convencer de mis ideas a inversores y socios, y lograr ventas récord en mis negocios; pero también me llevó a la quiebra. Sí, estimado lector, he llegado a ser dueño de una empresa que facturaba cientos de miles de dólares mensuales, con varias sucursales, y la perdí. Hoy sé que los fracasos fueron las materias más difíciles en la carrera al éxito y las enseñanzas que me dio la vida para mostrarme que debía dedicarme a lo que amo: vender y enseñar.

Ese es el motivo principal de este libro: transmitir que durante todo el tiempo en el que no puse rumbo hacia mi sueño, he desperdiciado oportunidades y he desatendido mensajes y consejos de una manera que no le deseo a ningún loco que esté transitando por esta profesión de las ventas; y que por supuesto, de haberlos oído, me habrían traído mucho antes adonde hoy estoy.

También escribo para revalorizar las ventas, para prestigiar a los vendedores y para que estos jamás crean que existen las *técnicas de ventas* ni *las fórmulas de éxito en ventas*, sino que pueden sacar como conclusión de la lectura de la información que recopilé durante 20 años de experiencia, que la venta es un *estilo de vida* y una *profesión* con todas las letras, pero que solo pueden llevarse adelante si se busca ser distinto de los demás, si se elige una forma de comportamiento que muchos verán como *poco cuerda, poco organizada, muy arriesgada*; o como indico desde el título de esta obra: *muy cercana a la locura.*

Asimismo quiero explicar para quiénes este libro no cumple ningún objetivo: no es para los que buscan definiciones de ventas (las detesto); no es para los que buscan estudiar las ventas como lo hacen al estudiar las matemáticas; odio los pasos de la venta, jamás los pude aplicar (algunos autores dicen que son 6, otros dicen que son 7 y yo he tenido ventas de solo

2 pasos y de más pasos de los que cualquier vendedor hubiera querido); no es tampoco un escrito científico ni completo de formalismos, sino una recopilación de experiencias y opiniones, comunicadas con la misma soltura con la que doy un seminario, con el mismo lenguaje que entienden los vendedores. Finalmente, quiero recalcar que este libro no enseña *técnicas* ni *fórmulas* sino que muestra en todos sus capítulos cuál es el estilo, la actitud, el entusiasmo y la manera en que se comportan los que tienen éxito en las ventas, para que, así como muchos que han estado de acuerdo con lo que expreso en mis seminarios y que transcribo aquí, elijan vivir de esa manera y conducir su profesión hacia el sueño que hayan elegido. Y si este sueño no existe, que mis palabras lo ayuden a proyectarlo.

Recordando un poco mi carrera, deseo contarle por qué estoy seguro de tener los conocimientos y por qué estoy convencido de que este escrito puede ayudarle a mejorar o confirmar su estilo de vida en las ventas y así lograr un mejor resultado en su gestión. Como le dije, desde niño elegí las ventas: he vendido mis juguetes, he vendido en la vereda de mi casa las revistas viejas de mi madre, y hasta he vendido mis libros nuevos del colegio, fotocopiados previamente, para comprarme aquello que quería y seguramente no me iban a regalar. También desde chico elegí enseñar, no solo jugando a la escuelita, como ya le comenté, sino que adoraba ir al instituto de apoyo universitario de mi padre, *Taller Oficio*, a ver cómo daban clases los profesores y sobre todo él, mi viejo. Hasta hoy recuerdo a aquel magnífico profesor de Historia de la arquitectura que, aunque no le entendía mucho por mis apenas 10 años, amaba escuchar por las ganas que le ponía a cada clase, que por supuesto estaba repleta de alumnos que mostraban el mismo éxtasis que yo. A ese profesor le digo, si Dios quiere que lea este libro: viendo tus clases sentí el amor por la docencia. Tampoco me olvido de las clases del viejo, del que aprendí la habilidad para mostrar las cosas difíciles en forma fácil, del que aprendí que estudiar y educarse debe ser divertido para los alumnos, que la clase debe ser un espectáculo teatral.

Comencé mi carrera de ventas en la adolescencia, cuando me empeñaba en amargar a mi madre con las calificaciones de la secundaria, repetí tercer año, fui expulsado del colegio y terminé de contribuir al engrosamiento de la vena adjudicada al disgusto escapándome varias veces con mi novia y actual esposa, y yéndome de mi casa definitivamente a los 18 años. Vivía solo y debía conseguir más que un sueldo mínimo, necesitaba trabajar de algo en lo que no exigieran experiencia, pero que diera buenos ingresos; y ¿qué mejor que la venta?, profesión a la que, por culpa de muchos ignorantes seleccionadores y empresarios que creen que no se necesita experiencia para desarrollarla y que no es necesario formar mucho a los seleccionados, se puede ingresar fácil y cobrar muy bien, si uno aprende a vender por su cuenta. Y que solo un loco con experiencia de ventas en la vida puede elegir como trabajo para afrontar gastos fijos e inevitables.

No voy a contarle mi currículum detallado para mostrarle que mis palabras tienen fundamento y se basan en experiencia concreta y no en teorías de libros, pero sí indicarle que además de vendedor de salón, vendí puerta a puerta, desde cursos hasta espacios en cementerios privados (nada fácil por cierto); vendí por teléfono en un call center; vendí por Internet y hasta vendí por televisión en un *llame ya.* También fui gerente de sucursal, gerente de ventas, gerente comercial y gerente general, sin nunca dejar de dictar clases (estoy al frente de un aula desde los 22 años). Tampoco dejé de capacitarme en ventas leyendo y asistiendo a cursos de los más grandes del mundo, en los países donde viví: la Argentina, México y Paraguay, y en una oportunidad en Estados Unidos. Con el tiempo, llegué a ser dueño del IAC, Instituto Argentino de Computación, una gran empresa del rubro capacitación que poseía varias sucursales (si usted vive o vivió en la Argentina, debe conocerla). Sí, no podía no tener éxito, era un negocio en el que podía vender los cursos y después dictarlos. Fue esta experiencia la que hizo sonar un *ring, ring, ring, ring* de despertador que mi cabeza tradujo en *vender, enseñar, vender, enseñar*. Mi éxito comenzó cuando encontré la punta del hilo que estaba conectado con mi sueño: *vender mis propios cursos sobre vender*. La frase me gustaba porque empezaba con *vender* y terminaba con *vender*. Si los libros tuvieran sonido, mientras usted leía el enunciado de mi sueño, habría escuchado una música celestial de fondo.

Cuando logré visualizar mi sueño, lo demás fue casi mágico; en menos de un mes estaba en una multinacional de telecomunicaciones seleccionando y capacitando a una fuerza de ventas de mil personas; los lunes seleccionaba entre no menos de 100 candidatos, de martes a viernes capacitaba a los 50 elegidos y los sábados hacía coaching al staff de ventas. Una experiencia gigante, vertiginosa, aleccionadora, pero, sobre todo, hermosa.

Esa misma multinacional que me ayudó en el puntapié inicial de mi carrera de conferencista es la que me llevó a Paraguay y a conocer un pueblo que me ha abierto los brazos, me ha dado su confianza, me ha enseñado a vivir la vida con una calidad envidiable y me ha permitido ser quien deseo ser sin nunca haberme discriminado por ser *kurepa*, ("piel de chancho", como les dicen a los argentinos en guaraní). En Paraguay no solo empecé a vivir mi sueño, sino que lo completé cuando mi amor, mi cómplice y todo, se incorporó como socia y juntos iniciamos lo que hoy nos enorgullece: el primer portal de Internet dedicado a los vendedores hispanos, www.todosobreventas.com. Un portal que reúne toda la información que he escrito, desarrollado, grabado y recopilado durante toda mi carrera y de la cual una buena parte se brinda en forma gratuita a todos los vendedores profesionales latinoamericanos.

El portal potenció todo. La red me permitió mostrar lo que sabía a más de 100.000 suscriptos en menos de dos años, y, mediante su satisfacción por lo aprendido, llegar a capacitar a miles de alumnos en todos los países del Mercosur, ser profesor de posgrado en la Escuela de Administración de Negocios de la Universidad del Cono Sur de las Américas, lanzar el primer diplomado en Gestión y Gerencia de Ventas en el Paraguay, tener mi propio programa de radio dedicado a los vendedores, ser columnista en revistas y diarios de la región, llevar a Paraguay al disertante número uno de ventas, Alex Dey, y escribir con mucho amor este libro.

Este resumen sirve de fundamento a lo que le voy a contar en las páginas que siguen y para explicarle que no es mi propósito intentar que usted crea que "me las sé todas", porque no sé más que cualquier vendedor exitoso, pero sí sé recopilarlo, desarrollarlo, contarlo y enseñarlo, porque me desarrollé como vendedor al mismo tiempo que como docente y eso hizo que, a diferencia de otros, que no tienen nada que envidiarme, cada vez que aprendía algo nuevo sobre esta profesión, lo viera desde la aplicación en la venta y desde la aplicación en la capacitación comercial.

Comencé a escribir este libro cuando sentí que iba a disfrutar al hacerlo y que podía lograr que alguien disfrutara al leerlo.

Es muy importante que sepa a qué tipo de loco aludo en el título. Me refiero a la locura del fanático, a la misma locura de la pasión deportiva; a la locura del que arrasa con todo, porque ama, porque siente; al loco por amor; al loco por pensar diferente, al loco por genio, al loco por hacer algo que le da miedo porque cree firmemente en su locura; al loco por elegir y ser diferente.

Antes de que lo lea me gustaría enseñarle algo que aprendí. Durante la vida profesional recibimos el dinero que corresponde por nuestro trabajo, acumulamos experiencia y cultivamos nuestra mente con capacitación. El dinero es lo mejor que se puede ganar, la experiencia es lo mejor que se puede adquirir, y la capacitación es la que permite ganar aquel y adquirir esta.

Amo esta enseñanza de Franklin D. Roosevelt: *Vacía tu bolsillo en tu mente, y tu mente llenará tu bolsillo.* Usted entiende esto, por eso está leyendo, pero lo hizo confiando en que yo pueda transmitirle algo capaz de llenarle su bolsillo. Créame que agradezco su confianza y que si estuviera a su lado le daría un abrazo, pero quiero cumplir con mi promesa y si este libro le deja alguna duda, no tarde en entrar a mi página y transmitírmelo. Yo personalmente lo ayudaré a resolverla con todas mis ganas y conocimiento, para que su mente lo ayude a aumentar sus ventas y llenar su bolsillo.

CAPÍTULO 1

PARA SER VENDEDOR
HAY QUE ESTAR LOCO

Cuáles son los comportamientos y habilidades de los vendedores que tienen éxito

Si al leer el título de este capítulo usted piensa ¿por qué hay que estar loco?, vislumbro que le falta desarrollarse en esta profesión y envidio su curiosidad porque me hace acordar a cuando todo estaba por venir en mi carrera. En cambio si usted pensó *yo no estoy loco, soy vendedor porque lo elegí, amo hacerlo,* supongo que es un vendedor profesional tan loco que ni siquiera se dio cuenta de su locura y con este libro va a confirmarla. Y si pensó que efectivamente usted está loco por haber elegido las ventas, es porque es un verdadero vendedor profesional que reconoce que las ventas no son una profesión fácil ni tranquila.

Fundamentaré, en todo el libro, por qué estoy convencido de que el vendedor exitoso está loco, le mostraré que las habilidades, los comportamientos y la actitud de los mejores, de los que se destacan, son muy parecidas a lo que conocemos como *loco*. Lo haré no solo con la intención de describirlo, sino también con el objetivo de enseñarle a usted, mi apreciado lector, cómo ser un vendedor exitoso, un —como yo lo llamo— loco por las ventas. Comencemos viendo la definición que nos da el diccionario.

Loco: Adj. Que ha perdido la razón. De poco juicio, imprudente. Que sobrepasa en mucho lo esperado.

Es posible que no acepte que la primera parte de la definición se asemeje a cómo usted se ve como exitoso vendedor, pero es normal; a los locos los definen como tales los cuerdos. Por lo tanto, ellos no se reconocen locos. Ahora, dígame si no es totalmente cierto que la última parte es característica y descriptiva del vendedor número uno, del que sobrepasa las metas.

Normalmente llamamos *loco* a cualquier persona diferente a las demás, que sale de la norma, y a la cual no podemos entender.

Cambie en esta frase la palabra *loco* por la palabra *vendedor* y vuelva a leerla. Ahora hágasela leer a cualquier administrativo de su empresa y pregúntele si está de acuerdo con ella. Verá que le contestará afirmativamente, confirmando que los vendedores somos *locos*.

Si aún no está de acuerdo, le suplico que me dé la razón por ahora, y no saque conclusiones hasta que termine de leer.

Empecemos por pensar qué significa ser vendedor por esta zona del mundo. A diferencia de otras regiones, en Sudamérica es un desprestigio. Basta con ver los cargos con que se identifican en sus tarjetas de presentación para no usar la palabra temida: *Asesor comercial, Ejecutivo senior, Comercial Executive Assistant, Representante comercial,* etc., etc. Todos me suenan a algo así como *Importante ejecutivo comercial de la* NASA, títulos que existen de la empresa para afuera, porque a la hora de pagar las comisiones en el legajo de liquidación de sueldos dice, simplemente, *vendedor.*

Ojo, no vaya a pensar que lo que estoy diciendo es que en su tarjeta ponga vendedor, yo no lo hice ni lo haría, porque este es un problema mayor que no radica en nosotros, sino en que muchos clientes ya no quieren ni oír hablar de vendedores. Lo que quiero decir no es que cambie su tarjeta, sino mostrar que el desprestigio a las ventas es un tema social y cultural de la región.

Veámoslo con estos ejemplos de diálogos locales. Diálogos que seguro habrá escuchado alguna vez, si está en esta carrera, y que muestran que ser vendedor se hace difícil desde la sola elección de serlo.

Hijo (contento): ¡Mamá, mamá, conseguí trabajo!
Madre (entusiasmada): ¡Felicitaciones, hijo! ¿En qué?
Hijo (orgulloso): ¡De vendedor!
Madre (decepcionada): ¿No había de otra cosa?

Este comentario acaba de hacerle perder al mundo un vendedor orgulloso.

Funcionario (decidido): Voy a renunciar al empleo.
Su compañera (preocupada): ¿Estás seguro? ¿Qué vas a hacer para pagar las cuentas?
Funcionario (decidido): Voy a trabajar en cualquier cosa, *aunque sea* de vendedor.

Pobre, piensa que vender es fácil, que es cualquier cosa. Lo único que es fácil en las ventas es conseguir un trabajo en ellas.

Dueño de empresa (terminante): Tenemos que aumentar las ventas.
Su gerente (inquieto): Es que nos faltan unos diez vendedores.
Dueño de empresa (sin vacilar): Tomemos diez más, sin sueldo fijo, solo a comisiones, aunque no tengan experiencia; ya aprenderán acá.

Triste: si no invierte en buenos vendedores, si no tiene un plan de desarrollo y capacitación, va a llevar diez problemas nuevos a su empresa, no va aumentar sus ventas y se desprestigiará nuestra profesión.

Por qué el vendedor profesional es un loco por las ventas

1. Su locura se inicia en el momento en que al comienzo de su vida laboral ve un aviso que dice:

OPORTUNIDAD. Venta de servicios. Capacitación permanente. No se exige experiencia previa. Importante empresa con más de 20 años de trayectoria. Muy buena remuneración. Excelentes comisiones por logro de objetivos. Interesados presentarse en...

Y decide intentarlo, después de desechar otros que ofrecen cargos como *Asistente de Gerencia* o *Auxiliar contable* o *Encargado de área* o *Coordinador* o *Recepcionista*. Es porque no piensa con la razón ni con la lógica, sino que decide por el amor al dinero, por el amor a sí mismo, que lo lleva a confiar en que arrasará con los objetivos, y por la pasión de elegir una vida autodependiente. Como diría cualquier madre, *una locura.*

2. Una vez elegido el trabajo de vendedor, lo cuenta, orgulloso, en el primer encuentro familiar y recibe desde indiferencia hasta consejos como: *Cuidado, que no te vayan a prometer y no te paguen luego que vendiste; las ventas no son un trabajo para siempre, ¿ya pensaste que vas a hacer después? ¿Te gusta vender? ¡Puaj! No vayas a empezar a acosarnos para que te compremos tus cosas.* Y contra todos los pronósticos cuerdos, después de haber recibido una dosis de desprestigio y comentarios negativos, igual, y diría que hasta con más ganas, decide hacerlo, acosa a su familia para venderle y le vende.

No haber hecho caso a esos grandes consejos, e intentarlo solo porque siente y cree que es capaz de hacerlo es porque definitivamente su corazón lidera en sus decisiones. *¡Un loco lindo!*, como lo expresaría una tía.

3. Ya con varios logros en el bolsillo y satisfecho con su desempeño, elige avanzar, capacitarse, perfeccionarse para ser *profesional* en un área donde no hay carrera universitaria que entregue el diploma, ni escuela que ayude a organizar lo que necesita saber para serlo, y en la que nunca va a poder, por más que se lo merezca, compararse en público con abogados, médicos y arquitectos. Otra decisión de vida que raya en la locura.

4. Ya entrado en años, cuando es un profesional de las ventas exitoso, gana más que muchos de sus amigos y familiares, puede ya sentarse en una oficina a hacer cuentas y dirigir personas, incluso tener su propia empresa, igual sigue vendiendo, yendo a entrevistas y como ya extraña a los jefes que lo presionaban con objetivos, tiempos y metas inalcanzables, decide hacerlo él mismo, presionarse, autoexigirse y colocarse metas dificilísimas.

Solo un loco haría eso en la etapa tranquila de su vida.

Si usted le preguntara a cualquier profesional de otra área sobre un vendedor profesional, seguro que le recomendaría enviarlo a un psicólogo. No faltaría el que dijera *Este señor se volvió loco; al pasar por su oficina, oí que gritaba: "Más ventas, más veeeentas, más, más, ja ja ja ja ja", con una risa alarmante. ¡Hay que hacer algo urgente! Ha perdido la razón.*

Si estuviera presente en esa conversación, yo diría que no perdió la razón, sino que nunca la tuvo. Es vendedor, no reconoce palabras como *no, problema, imposible, excusa, falta, difícil,* ni otras como *orden* o *informe.* Pierde el control cuando escucha hablar de *reducción de comisiones,* o le dicen que *no hay stock, no le entregaremos a tiempo a tu cliente, no puedo,* o *ese cliente no es tuyo*. La lluvia, el frío y el calor le son indiferentes. Junta más ganas cuando está exigido y se deprime cuando todo está tranquilo. Que no le extrañe verlo un día con ánimos para comerse el mundo y otro con la sensación de que el mundo se lo come a él; es ciclotímico y nadie, nadie puede motivarlo, solo él es capaz de hacerlo.

Opina hasta de lo que no sabe, pero algunas de sus mentiras han sido las ideas más grandes que se han escuchado en su empresa. Se endeuda y empeña algo de la misma forma y tiempo en que se llena de dinero y compra algo mejor. Sufre claustrofobia y síndrome de pánico ante la rutina.

No decide lógicamente, solo siente, solo ama, elige ser libre, depender de sí mismo, pelear por sus propios objetivos, superarse continuamente y, sobre todo, ser feliz con lo que ha elegido, a pesar de lo que los demás opinen de su elección.

¡Claro!, la respuesta a esta descripción muy fácilmente podría ser: *¡Ah!, un loco*; y yo pensaría: *Sí, un loco por las ventas, un loco fanático por las ventas; precisamente, el protagonista de este libro.*

Las 10 principales habilidades de un loco por las ventas

1. Se considera un profesional y se comporta como tal

El loco por las ventas sabe que no hay una universidad ni carrera que lo invista de profesionalismo, y que solo será visto como tal si se comporta en consecuencia.

Conoce su rol social. Se siente importante para el mundo, porque sin él, ningún conductor tendría su coche, ninguna persona tendría su casa, nadie poseería nada, porque para poseer hay que comprar y para comprar hay que contar con un vendedor como él.

Por eso creo que somos locos: porque aunque nadie nos recono-
ce, nadie nos confirma como tales, nos sentimos más profesionales
que nadie, más fanáticos que nadie, tan defensores de nuestra ac-
tividad como lo es de su equipo un fanático de fútbol.

Investiga como un profesional

Al igual que el médico o el científico cuando investiga sobre su especialidad, el loco por las ventas realiza una inves-
tigación sobre lo que vende, sobre el entorno, sobre los
clientes, sus hábitos, sus comportamientos; y sobre su profesión. Para recabar información completa y actualizada,
Internet constituye una gran ayuda, una herramienta im-
presionantemente eficaz.

Se autoevalúa

De la misma manera en que un médico ve las filmaciones
de sus operaciones, el loco por las ventas graba sus entrevistas, para después escucharlas, corregirse, perfeccionarse
y hasta encontrar nuevas oportunidades de venta.

No olvido la cantidad de ventas que cerré gracias a las
grabaciones que escuchaba mientras volvía de las entrevistas: *Sr. Pérez, el otro día me habló sobre algo que no le respondí y*
ahora quiero hacerlo. O las veces que mis clientes me felicita-
ron por la memoria que tenía sobre lo hablado en un encuentro de hacía meses, que, claro, yo había escuchado
mientras viajaba para verlo por segunda vez.

Se capacita

El loco por las ventas sabe que un profesional no puede de-
sactualizarse y jamás le huye a un curso de ventas, aunque
ya haya asistido a miles, porque entiende que siempre puede haber algo nuevo, de parte del disertante o de parte de
los asistentes.

Lee libros, escucha disertaciones grabadas, ve películas que le puedan aportar algo a su profesión, baja de Internet todo lo que le interesa y lo selecciona para leerlo, de a poco, diariamente.

Vacía tu bolsillo en tu mente y tu mente llenará tu bolsillo. De nuevo estas palabras de Franklin D. Roosevelt que forman parte de las enseñanzas más importantes que recibí en mi vida. Los cuerdos piensan en capacitaciones una o dos veces por año, dicen *para qué más, si las ventas son iguales, nada cambia.* Suena lógico, pero el loco por las ventas sabe que la capacitación comercial es cosa de todos los días, porque lo entiende como una universidad virtual.

Interactúa con otros locos como él

El loco por las ventas tiene muy claro que debe hacer amigos que compartan su locura por las ventas. Le interesa conocer a vendedores profesionales que han desarrollado una carrera exitosa. Está al tanto de que los contadores se reúnen en el colegio de contadores, los médicos en los congresos de medicina y así él también busca encontrarse con sus pares para transmitir experiencias, intercambiar datos de clientes, y tener amigos que eligen vivir la vida como él.

Todavía me acuerdo de aquel momento en que decidí tener amigos que sintieran las ventas como yo. Estaba en una reunión informal de padres de escuela, en una charla clásica de espera alrededor de la parrilla mientras se cocinaba el asado; después de una muy grata primera impresión de esas en las que se cree haber encontrado un grupo espectacular para compartir varios momentos, uno dijo: *La verdad es que hace mucho tiempo que no me siento tan a gusto en una reunión con gente que aún no conozco; deberíamos repetirlo, intercambiemos tarjetas. ¿Qué hacen ustedes?* Uno dijo *Soy abogado,* y otro contestó *Ya tenemos quien nos defienda ¡ja ja ja!*; el segundo contestó que era cirujano plástico, y otro expresó *Ya te vamos a consultar, necesito para mí y para mi señora,* mientras hacía un gesto de pechos femeninos; todos rieron, menos yo, que esperaba mi turno y ya veía que sería para todos el de menos rango de la reunión. Éramos siete, todos tenían profesiones y aunque yo estaba estudiando Marketing a los golpes, lo más cercano a ventas que encontré, no me quedó otra que decir: *Yo, vendedor* para no serme infiel a mí mismo. Hasta hoy me río cuando recuerdo que me salió como un cacique que dice *Yo, Águila Certera* y con la seguridad del que saluda al público cuando es coronado rey. La verdad es que el público no resultó el mismo que el que saluda al soberano, sino todo lo contrario. Todos cambiaron de tema y uno de ellos hasta guardó la tarjeta que había sacado para mí, obvio tenía miedo de que la usara para venderle, y no se equivocó, de esos seis que estaban allí conmigo les vendí a todos menos a él. En esa reunión definí buscar amigos vendedores o que estuvieran a cargo de comercios o negocios en los que la venta fuera lo más importante. A partir de ese instante, en cada reunión perseguía a los vendedores para ser amigos y a los demás para que fueran mis clientes, con excepción de los profesores, a quienes busqué para que fueran ambas cosas. Cuando iba a una entrevista de ventas y estaba otro vendedor esperando, lo invitaba a almorzar; cuando me caía bien alguien que me vendía, no solo le compraba, sino que lo invitaba a iniciar una amistad.

2. Se automotiva, no depende de otros para encontrar motivación

El loco por las ventas es consciente de que la venta es individual, que no hay nadie para ayudarlo cuando él está con el cliente, que el que elige las ventas como profesión es porque se sabe autodependiente y esa autogestión necesita de automotivación.

(El Capítulo 4 está dedicado a este tema, porque considero que para lograr objetivos es imprescindible desarrollar la capacidad de automotivarse.)

3. Pasa la mayor parte de su tiempo frente al cliente

El loco por las ventas entiende que su función número uno es vender y que eso se hace en el domicilio de sus prospectos, no en el suyo. Pasa el 75% de su tiempo cara a cara con sus prospectos y clientes.

El peor enemigo del loco por las ventas es la cordura, que se contagia de los cuerdos. Y, ¿dónde están ellos?: en la oficina. Son los administrativos, secretarias, recepcionistas, jefes. Cuando se siente que ya se ha estado mucho en la oficina, se experimente claustrofobia o se necesite el aire de la calle y hablar con un cliente, se ha logrado ser un loco por las ventas.

4. Utiliza todas las armas para ganar su guerra de ventas

El loco por las ventas aprendió, desde sus inicios en la profesión, que un vendedor sin lapicera es como un soldado sin arma. Después entendió que su celular debía estar encendido las 24 horas de los 365 días del año y que cuando sonaba debía actuar igual que un bombero ante la sirena de alarma. Siempre tuvo actualizada su agenda con el mismo celo que un espía guarda una información secreta; después, conoció la computadora y la agenda electrónica y las utilizó para mejorar el resultado de su gestión con el mismo entusiasmo con el que un piloto de Fórmula 1 maneja su Ferrari para ganar la carrera.

El único vendedor enemigo que tuve es el que vendía el producto de la competencia. Siempre tuve claro que una forma de ganarle era usar mejores armas, profesionalizarme en el uso de las herramientas que me dieran la ventaja necesaria. Siempre tuve el mejor celular, la mejor agenda, una notebook e Internet full. En una experiencia de competencia muy dura en la que el cliente nos hizo pasar a tres vendedores juntos a explicarle sobre nuestros productos y así aprovechar nuestra pelea para conocer muy bien a quién comprarle, yo fui el único que le mostró una presentación en power point con mi notebook, yo era el único que había enviado ya tres correos electrónicos antes de la reunión con información que él tenía impresa en su escritorio y utilizó para hacer las preguntas; ninguno de los dos vendedores que estaban compitiendo conmigo sacó una palm para anotar lo que el cliente decía, y lo mejor fue que al final reproduje dos videos testimoniales de mis clientes más satisfechos que había grabado yo mismo. Los otros dos vendedores solo objetaban nerviosamente mis exposiciones y tuvieron que soportar que yo les dijera *Gracias por sus críticas constructivas, voy a tenerlas en cuenta para darle un mejor servicio al señor*. El prospecto rió; obviamente, terminó siendo mi cliente y aún lo es.

5. Tiene métodos locos para obtener resultados locos

El loco por las ventas se sabe desordenado, pero tiene métodos y ama la persistencia. Esos métodos con los que desempeña su profesión le señalan su rumbo al éxito en cada operación.

Entiende que cuantos más contactos tiene con el prospecto, más vende; pero realiza cada momento de preventa, venta, seguimiento y posventa con métodos propios, personales, efectivos solo para su estilo, solo para su condición de locura. A él le funcionan, a otro vendedor no; cada uno debe armar el suyo propio aunque aprenda la base de otro.

(Los métodos construyen el estilo del vendedor. Durante mi carrera aprendí que la actitud y el método son más importantes que la aptitud y la habilidad, por eso dedico al tema todo el Capítulo 5.)

6. No se guía por metas, tiempos, ni reglas de los cuerdos

El loco por las ventas proyecta sus propias metas. Ignora la secuencia lógica y actúa de inmediato cuando está convencido de lograrlo. Ignora los consejos y las críticas. Sabe que le pagan comisión por ventas concretadas, no por cantidad de trabajo o por entrevistas, como a los encuestadores. Sabe que medirán su capacidad por los resultados y va tras las oportunidades cerrando operaciones.

Los mejores vendedores que conocí en mi vida tenían dos actitudes. Unos tiraban su hoja de metas a la basura para ir tras las propias, otros agregaban a esa hoja un porcentaje, sabiendo que estaban armadas para los que vendían como trabajo y no como profesión. Yo copié a los que usaban las metas de la empresa como base para diseñar las suyas.

7. No tiene los mismos miedos que cualquier persona

El loco por las ventas no le teme a la inestabilidad. No cree que vender es un empleo inestable. Sabe que si es bueno, tiene trabajo asegurado. No le teme al *no*, porque sabe que es parte de un *sí*. No les teme a las objeciones, porque las entiende como desafíos. No se asusta por las críticas, corrige lo corregible y reconoce que muchos lo desaprueban porque no entienden su forma loca de ser. No se asusta cuando las cosas salen mal y se endeuda, sino que junta fuerzas porque le consta que en un solo mes se pueden recuperar varios meses de mala venta. No les tiene miedo a los clientes difíciles, los ve como un reto a la conquista. No le teme a la competencia, solo la respeta y la espía para ganarle. No le teme al ridículo, está dispuesto a pagarlo como precio por un buen resultado. No lo atemoriza empezar el mes sin un peso, aprendió que después de 20 días de ansiedad o preocupación, puede arribar a un final feliz.

Me di cuenta de que ser vendedor era un trabajo estable cuando vi, varias veces, cómo echaban a un excelente administrador por problemas de relaciones humanas, pero escuché muchas veces a jefes y dueños decir *Lo echaría, pero ¡vende tan bien!*

Le perdí el miedo a vender puerta a puerta cuando un jefe me dijo: *Si yo le pagara un sueldo de 1.000 dólares por tocar 100 puertas por día para escuchar unos 30 "No atiendo vendedores", 10 "No moleste", 20 "No tengo dinero", otras 30 frases negativas y hasta algún insulto, y hablar sobre nuestro producto con los 10 que le abren las puertas, sin venderles, nada más hablar distendidamente y sin compromiso, buscando solamente que se queden encantados con usted y con el producto, ¿lo haría?* Le contesté que sí, por supuesto. Entonces él siguió: *Yo no podría pagarle porque no podría controlar que lo hiciera, pero usted sí puede pagarse eso y mucho más, porque en 100 puertas por día puede tener 10 charlas y hacer 5 ventas y eso suma 1.500 dólares en un mes y una bolsita de negativas e insultos que puede ir tirando cada día donde se le antoje.* De más está decir que superé ese monto de ventas y que me di cuenta de que los *no moleste, no está la patrona, no tengo dinero* y otros más no duelen, no pegan, ni lastiman; y hasta son transformables en un *está bien, lo escucho.*

8. Sabe amar y ser amado

El loco por las ventas ama. Siente amor por su empresa, siente amor por su producto, está enamorado de su profesión, se llena de amigos y está acompañado siempre por una pareja que lo ama y le da soporte, reconocimiento y contención para que logre los objetivos.

Vale la frase *detrás de un gran hombre hay una gran mujer* y, para las vendedoras, *al lado de una gran mujer hay un hombre que la protege y la ama.* En fin, frase más, frase menos, lo importante es que detrás de un loco por las ventas exitoso, siempre hay una pareja, madre, padre, tío, tía, súper amigo, o mejor y para resumir *súper persona* que sabe despertarlo cuando se duerme en el camino y alentarlo a seguir cuando se detiene.

Jamás voy a olvidar ese día en que no estaba contento con como me estaba yendo, había caído en un pozo del que parecía no encontrar salida, y mi esposa me dijo *Yo sé que solo estás buscando el camino para lograr tu sueño; es cuestión de tiempo, estoy convencida de que volverás a darnos el nivel de vida que merecemos.* Me recordó un documental sobre los cruceros lujosos en el que aprendimos que esos grandes barcos al frenar para cambiar el rumbo en 90 grados, siguen con los motores apagados, por inercia, unos 10 kilómetros más. O sea, que solo estábamos cambiando de rumbo y viviendo esos kilómetros con los motores apagados para ir por más muy pronto. El resto, si leyó la introducción, ya lo conoce: cambié de rumbo y de país, y mejoré mi vida.

9. Sueña y proyecta su sueño

El loco por las ventas es ambicioso porque tiene sueños a concretar. No eligió un trabajo estable, porque necesita tiempo para construir su sueño. No le gusta estar entre cuatro paredes, porque quiere viajar por la ciudad mientras construye en su cabeza el plan de logro de su meta. Adora y va en busca de más que un simple sueldo, porque quiere llegar a las grandes ligas como vendedor profesional o como dueño y vendedor de su propio producto.

(Pude llegar adonde estoy cuando entendí que debía tener un sueño, proyectarlo y trabajar duro para lograrlo.

Tarde fui un loco por las ventas, tarde comprendí que además de hábitos de locura necesitaba un sueño loco y no una meta cuerda como tenía. Nos explayaremos acerca de la automotivación en el Capítulo 4.)

10. Se considera empresario y se comporta como tal

El loco por las ventas se diferencia de los profesionales comunes y se asemeja a los empresarios. Tiene claro que en las ventas él maneja su negocio desde el primer día. Actúa como su propio jefe: planifica, se esfuerza, trabaja las horas que sea necesario, administra su tiempo y recursos, negocia sus comisiones, y en esta moderna administración laboral, hasta tiene su propio número impositivo (RUC, CUIT, etc.) y factura sus servicios.

Cuando empecé a reflexionar que era empleado pero debía asumir los mismos riesgos que un empresario sin estar formado para serlo; que tenía que dar por mi trabajo más de lo que recibía apostando como un dueño de empresa a un futuro promisorio; que estaba obligado a ocupar horas de mi fin de semana para pensar estratégicamente en cómo conseguir clientes al igual que lo hace alguien que posee una empresa; cuando aprendí con dolor que debía cambiar la mentalidad de empleado por la de socio, entonces confirmé que definitivamente estaba loco por las ventas.

CAPÍTULO 2

LOS CUERDOS DICEN PALABRAS INTELIGENTES QUE ACONSEJAN. LOS LOCOS DICEN PALABRAS DIFERENTES QUE LLEGAN AL CORAZÓN, Y VENDEN

Cómo manejar una comunicación efectiva y convincente para cerrar más ventas

Uno de los desafíos más grandes que tienen los que son considerados locos por sus ideas es ser muy convincentes a la hora de transmitirlas, ya que quienes las escuchan se resistirán desde el primer momento a considerarlas y aceptarlas. Si tuviera que definir la venta en una sola palabra, elegiría la palabra "convencer" porque creo que no existe nadie que compre de buenas a primeras. Por más seguro que esté el prospecto de hacer su compra, siempre habrá algo acerca de lo que el vendedor deba persuadirlo, como el precio o la forma de pago, o cualquier detalle que no coincida con la expectativa del prospecto. En fin, el gran problema de los que siempre están "a punto" de venderlo todo, es que trabajan para contar muy lindo pero no para convencer; dejan la decisión siempre en manos del cliente, como si fuera un espectador al que hay que darle un gran show y esperar sus aplausos. ¡No, señor! El loco por las ventas sabe que, además de hacer el espectáculo desde el escenario, también tiene que sentarse al lado del público para inducirlo a aplaudir (comprar). De esto trata este capítulo; de la comunicación convincente que saben emitir los vendedores profesionales.

El loco por las ventas sabe que cuando el prospecto pregunta por un producto hay que mostrarle dos

Cualquier cuerdo diría: *Si pregunta por ese, hay que mostrarle ese. Se debe ofrecer al cliente lo que quiere, y pensar que él sabe lo que quiere.* Sin embargo, el que ha estado vendiendo mucho tiempo sabe que a veces los clientes tienen deseos y necesidades claras, pero están confundidos sobre la solución que las resolvería. Simple, muy simple: si estuviera tan seguro, para qué perdería el tiempo con un vendedor, si puede mandar su encargo con el cheque. La verdad es que si acepta escuchar a un vendedor es porque duda, porque necesita resolver una inquietud, porque desea ver todas las opciones antes de tomar su decisión.

Los seres humanos reducimos todo nuestro análisis de elección a dos últimas posibilidades. Por ejemplo, piense cuántos partidos políticos hay en su país y cuántos son los que definen siempre. Estoy seguro de que las opciones elegidas por la mayoría son dos. Deténgase también a pensar cuántas gaseosas se venden en el mundo, cuáles son las marcas que pelean arriba, y cuántos escalones abajo se encuentran el resto de las competidoras. En el fútbol notará que hay muchos equipos, pero siempre la mayoría de los hinchas se inclinan por dos, que juegan el *súper clásico.* Y eso se repite con respecto a las marcas de comidas rápidas, las empresas de software, las fábricas automotrices y hasta la vecinita que tiene más de seis candidatos pero vacila entre dos. Así es que el loco por las ventas, aunque reciba la solicitud de una opción, muestra dos que puedan resolver las necesidades de su prospecto, porque si solo presenta una,

¿adónde cree que el prospecto irá a buscar la segunda para obtener la cantidad de elementos necesarios para su decisión? Si, acertó: ¡a la competencia! Entonces, el objetivo es dejar la cabeza del prospecto ocupada con nuestras dos opciones para que siempre la que elija nos favorezca. Por ejemplo: si usted vende seguros médicos, base toda su explicación en las comparaciones entre el Plan A y el B; si vende autos, trabaje sobre dos variantes de casi el mismo valor, comparándolas y mostrando lo mejor de cada una; si no tiene dos opciones de producto básese en dos colores, en el completo y el básico, etc., etc. Y así logrará que las dos posibilidades de elección del cliente sean las suyas.

Cómo cautivar con cada palabra y sintonizar con cada prospecto

El loco por las ventas y el poder de sus palabras

El cerebro tiene millones de neuronas interconectadas. Cada vez que escuchamos una palabra, una neurona se conecta con otras y forma el conocimiento. Primero es frágil, como un sendero, pero a medida que lo repetimos se va fijando gracias a la mielina y se convierte, tal como muestra la siguiente figura, de sendero en calle y de calle en autopista. Es decir que cuando oímos mucho una palabra y se fija con fuerza en nuestro cerebro, queda su acceso abierto y no solo la recordamos mucho más que a otras, sino que también somos capaces de leerla y escucharla más rápido.

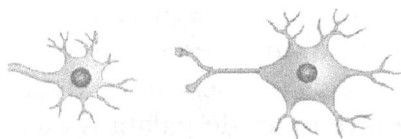

Fig. 1. Antes de escuchar por primera vez una palabra

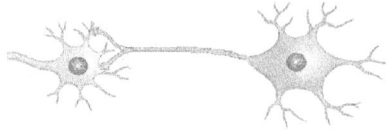

Fig. 2. Al escuchar por primera vez una palabra
(sendero neuronal)

Fig. 3. Al escuchar varias veces la misma palabra
(calle o autopista neuronal)

No se asuste, no le estoy dando una clase de medicina, sino explicándole por qué a usted le es muy fácil escuchar o leer ciertas palabras entre miles de palabras dichas o escritas. Recuerde esa vez en que usted estaba prestando atención a otra cosa y un grupo hablaba y decía palabras que usted no podría repetir porque las oía como murmullo, pero de repente percibió muy claramente *es gratis* e interrumpiendo lo que hacía, preguntó: *¿Qué es gratis?* Eso sucedió porque la palabra gratis es una palabra que ya transita por una autopista en su cerebro.

Estamos llenos de palabras que han generado autopistas: gratis, nuevo, ventaja, oferta, dinero, ganancia, etc., y también las que pertenecen a nuestra vida o actividad: para el estanciero, ganado; para el abogado, juicio; para el futbolista, gol, y así con cada persona; pero la más importante, la autopista más grande que todos tenemos, está construida por nuestro nombre. Seguramente se ha dado vuelta muchas veces en su vida al escuchar su nombre entre un murmullo de palabras indescifrables, o ha encontrado fácil su nombre entre miles de palabras escritas. En mis seminarios suelo mostrar una pantalla con cientos de palabras y nombres, todos repetidos tres veces; cuando les digo a mis alumnos que busquen su nombre, tardan tres a cuatro segundos en encontrarlo y cuando les pido que busquen cualquier otra palabra, llegan a tardar de quince a veinte segundos.

El loco por las ventas sabe del poder de esas palabras clave, entonces las usa a su favor. Por eso, cuando tiene que decir lo más importante de su producto, la frase más vendedora, la acompaña de una "palabra autopista". Por ejemplo: *Este servicio es a medida* nunca será más recordado y efectivo que *Pablo, este servicio es a tu medida*. También sabe que las otras "palabras autopista" relacionadas con la actividad del cliente le sirven para comunicar, así que a un ganadero le dirá *Este producto es el equivalente a un primer premio en la Expo Rural.*

Una vez le vendí mis servicios de capacitación a un importante empresario que además era tenista y padre de un niño promesa del tenis en el país. Durante toda la entrevista me miraba con cara de aburrido, yo no lograba captar su atención, hasta que decidí finalizar así: *En síntesis, les enseñaré a sus vendedores a ir a la red en búsqueda del cliente, esperar su objeción y transformarla en tanto a favor, llegar a ganar ventas con un solo saque, haciendo de cada primera entrevista un ace y de cada revés un golpe ganador.* La frase, que me salió espontáneamente, sin pensar, como alternativa desesperada ante una venta que caía en picada, tuvo éxito: se levantó, me extendió la mano y respondió: *Eso me gusta, creo que vamos a estar varios sets juntos.* Y vendí. Eso sí, no fueron todas rosas, después tuve que aceptar mi propia medicina cuando me dijo: *Su precio picó afuera; si no quiere entrar en una doble falta, más vale que me dé uno que se ajuste a nuestro presupuesto;* y al pasarle un segundo precio me contestó: *Este fue net, tiene una última oportunidad.* Si un cuerdo hubiera pasado por allí y escuchaba esta charla, seguro habría dicho *Estos vendedores están cada vez más locos.* Y, ¿sabe qué?

hubiera tenido razón, porque yo vivo confirmando que si hablo formal y cuerdo no vendo, por eso elijo hablar loco, muy loco por las ventas.

El loco por las ventas entiende que el prospecto no escucha porque sí

Hay varias frases que me acompañan en esta profesión indicándome el camino a seguir, y dos de ellas son: *No me importa cuánto sepas, hasta que yo no sepa cuánto te importo*, y *No me importa quién seas hasta que no sepa qué puedes hacer por mí*. Ambas hablan de lo que el cliente siente al escucharnos en la venta. Si uno no empieza interesándose por él y mostrando cuál es el beneficio que obtendría si adquiere el producto, el resto jamás es escuchado con ganas, es casi ignorado, solo espera que uno termine para saludar y decir *Lo voy a pensar*.

Hagamos una analogía; imaginemos que usted va al médico y en cuanto entra en el consultorio este le dice: *Buenos días, somos la clínica número uno del país, yo soy un súper médico y a la vista ya sé qué tiene por su tono medio amarillento, seguramente un buen ataque de hígado que lo podrá solucionar con mi fantástica y casi mágica receta; tome y, ante cualquier inconveniente, no dude en llamarme*. Seguramente usted saldría espantado y en búsqueda de otro profesional, porque lo que en realidad espera de él es que se interese por usted, lo contenga y le pregunte los síntomas, desde cuándo los tiene, si ha comido algo distinto el fin de semana, si ha sentido otras veces ese malestar y toda la información necesaria para un mejor diagnóstico. Así sucede con el cliente cuando el vendedor lo único que hace es hablar de lo espectacular que es la empresa y su producto: sale corriendo hacia la competencia. Pero cuando el vendedor lo contiene, se interesa por él, lo asesora y le brinda una receta ideal para la solución de su necesidad, compra y recomienda.

Los cuerdos, en cuanto entran en contacto con el cliente, empiezan a hablar sobre lo que necesitan vender; los locos por las ventas empiezan a preguntar sobre lo que el cliente necesita solucionar.

El loco por las ventas sabe que lo bueno se dice tres veces

Está demostrado que en la comunicación de ventas existe una pérdida de información importantísima entre lo que el vendedor planeaba decir y lo que el prospecto recibió.

El vendedor piensa decir un 100%, pero transmite un 80%; el prospecto recibe un 60%, e interpreta un 50%.

Para asegurarse de que el mejor argumento de venta o el principal beneficio no se quede en ese 50% que nunca llega al cliente, lo dice tres veces en la entrevista, claro que de diferentes formas para no resultar insistente.

Ejemplo:

... Sus empleados estarán más cómodos con el aire acondicionado y rendirán más en su trabajo... Más adelante: *...es importante tener en cuenta el aumento de productividad de los empleados en un ambiente confortable...* Y al finalizar: *...tenemos pruebas de aumento de rendimiento laboral en empresas donde instalamos este equipo...*

Si usted ha visto los infomerciales o publicidades del estilo *llame ya* observará que repiten lo que hace el producto por el cliente, de tres maneras diferentes, para captar su total atención. Esto lo aprendí con el fracaso de una de mis decisiones como gerente general de una de esas empresas.

Al ver los infomerciales y su costo de transmisión, con la cantidad de segundos de TV que significaban, me pareció una gran idea, sobre todo muy *cuerda*, la de bajar la cantidad de segundos sacando las repeticiones de mensajes en cada spot y dejando todo lo que explicaba el producto, pero solo una vez. Después de un gran costo de edición y una gran pérdida de llamadas de ventas, sospeché que mi cambio no era tan *loco por las ventas* y para comprobarlo puse a varias personas a ver spots con repeticiones y sin ellas, para que después escribieran lo que recordaban. El resultado fue categórico: los spots sin repetición eran los menos recordados a pesar de que les pedí extrema atención en ambos y les avisé que los iba a interrogar al finalizar. Desde esa experiencia mis vendedores practican decir tres veces el mensaje más importante en cada entrevista y descubrimos, con satisfacción, que en segundas entrevistas eran mencionados por los prospectos como argumentos para continuar hablando con nosotros, o comprarnos.

El loco por las ventas sabe que la lógica aconseja, y los sentimientos venden

Cualquier cuerdo en este mundo diría que la gente compra según la ecuación costo/beneficio, utilidad, ganancia, ahorro, calidad y garantía. Los que estamos locos por las ventas estamos convencidos de que esos argumentos son los que ocupan el tiempo de los cuerdos, y que los que venden son los que satisfacen las necesidades emocionales, los que provocan sentimientos de seguridad, prestigio, imitación, comodidad, tranquilidad, amor, etc., etc.

Créame que nadie, absolutamente nadie, compra lógicamente. La lógica es usada para justificar los sentimientos y para facilitar la elección después de que uno no puede tomar la decisión entre dos empresas a las que siente que debe comprarles. ¿Por qué la gente compra productos que no son tan urgentes, en cuotas con intereses de hasta el 40% anual, en vez de esperar a reunir el dinero? Simple: porque *siente* que lo necesita ahora. Dígame si esta frase no le es familiar: *No sé cómo lo voy a pagar, pero sentí que lo tenía que comprar ya, y no me aguanté; además, con lo mucho que trabajo y me sacrifico, me lo merezco.* Todos compramos por sentimiento; hasta el que planifica y piensa miles de veces antes de hacerlo, lo hace para demostrarse que compra bien.

El mejor ejemplo que encuentro para probarle esta locura de que nadie compra por argumentos razonables y lógicos es lo que me sucedió, hace años, en vísperas del cumpleaños de mi hijo Agustín.

En aquella oportunidad mi hijo se acercó y me dijo esa frase a la que muchos padres, que no poseemos fortunas, tememos: *Ya sé lo que quiero para mi cumpleaños.* Y continuó, sin darme tregua: *Una Play Station.* Mi respuesta fue la esperable de un padre que pertenece a la generación de la pelota y la bici: *¿Queeeeeé?* Obviamente, mi hijo, ya acostumbrado a que no entendiera su idioma, venía preparado para darme una clase de realidad y decirme qué debían tener todos los niños del mundo: una consola de juegos mucho mejor que la anterior, y que todos los papás de sus amiguitos ya habían comprado. Acá justamente es donde entran los primeros sentimientos; podría quedar como el peor de los padres del grupo y eso me impulsó a esforzarme para evitarlo. Imitación y miedo a no ser parte. Al preguntarle si sabía cuánto costaba, me dijo que creía que más de 200 dólares, cifra que me devolvió a mi pensamiento lógico para analizar: costo de más de 200 dólares *vs.* ningún *beneficio*, porque mi hijo estaría más aislado y encerrado de lo que ya actualmente estoy dispuesto a aceptar; *¿utilidad?,* dicen que sirve para que los chicos desarrollen su pensamiento estratégico y abstracto, pero una vez me mostraron un juego en el que deben robar autos y venderlos a la mafia, razón lógica suficiente para que optara por no encontrarle conveniencia; *¿ganancia?*, una consola que al salir de la tienda ya es vieja, y que en menos de un año ya sería un estorbo, no puede representar ganancia alguna; *¿ahorro?*, era justo lo que iba a disminuir con la compra, mis ahorros; *¿calidad?*, podía ser, porque era de una marca reconocida a nivel mundial; *¿y garantía?*, también importante, pero no suficiente para que decidiera comprarla; de modo que así resolví no pertenecer al grupo de padres que no piensan y responder a Agustín que eligiera otra cosa.

Más tarde, al pasar por una tienda que vendía artículos de computación, Mariana, mi esposa, me dijo: *¿Por qué no averiguamos bien qué es una PS2 y realmente cuánto cuesta? Quizá sea más barata de lo que cree el niño.* Me parece indicado comentar que cuando mi esposa me hace ese tipo de sugerencia pone una cara muy convincente, así que acepté entrar en la tienda. Lo hice con pocas ganas, con expresión de desagrado por la pérdida de tiempo en la que estaba sumergido, y sin embargo se acercó a mí un vendedor sonriente y con muchas ganas de atenderme. Pensé: *Si este, viéndome así, me sonríe, es un loco*, así que opté por protegerme de su intención de venta diciéndole: *Mire, yo fui vendedor toda mi vida, capacito a vendedores, así que no trate de venderme nada; es más, quiero aclararle que no voy a comprar.* Como su sonrisa no se borraba, seguí: *Mi hijo me pidió una Play Station 2 para su cumpleaños, pero yo ya le dije que **no** se la iba a comprar, solo quiero ver cómo es y saber cuánto cuesta; repito que no voy a comprar, así que si quiere atender a otro mientras miro, no hay problema.* A pesar de mis intentos de deprimirlo, su cara mostró más alegría, creo yo, como la que sienten los locos por las ventas, para quienes adversidad = desafío = entusiasmo. El vendedor, nada desmotivado, empezó a mostrarme la consola y a contarme todas las *razones lógicas* por las que debía comprarla: ... *viene con antishock; si a su hijo se le cae no le va a pasar nada; ya está adaptada para la electricidad de nuestro país, no necesitará transformador; le entregamos* *dos controles, cuando la competencia le entrega solo uno; se puede colocar en forma vertical, y eso es bueno si no tiene espacio en el mueble de su TV; le brindamos una garantía de un año, en vez de los 6 meses que dan los demás; puede elegir dos juegos y llevárselos gratis.* Hasta que lo interrumpí: *Gracias, gracias, dígame el precio ahora, que tengo que irme,* y sin que le temblara una sola parte de su cuerpo, me contestó: *400 dólares* (el doble de lo que mi hijo me había dicho que costaba; el que tembló fui yo). Entonces mi cerebro empezó a trabajar en la decisión según el cuadro siguiente.

Razón lógica	Pensamiento	Conclusión
Costo vs. beneficio	Mucho dinero para que mi hijo esté encerrado en su cuarto jugando y más alejado de la convivencia familiar.	NO compro
Utilidad	Dicen que estimula el pensamiento abstracto de los niños, pero también los acostumbra a jugar con violencia.	NO compro
Ganancia	No gano nada comprándola, es más: en un mes valdrá menos.	NO compro
Ahorro	Es justo lo que disminuiría: mis ahorros.	NO compro
Calidad	Es una marca reconocida mundialmente por su calidad, pero no es razón suficiente para convencerme.	NO compro
Garantía	Un año es buena garantía, pero no es razón suficiente para convencerme.	NO compro
Regalos	Son interesantes, pero no es razón suficiente para convencerme.	NO compro

Una vez que razoné en forma lógica, mi conclusión fue contundente, y le contesté: *Gracias por su amabilidad, pero como ya le dije, no voy a comprar. Hasta luego.* En ese preciso momento el vendedor me demostró que era un loco por las ventas, cuando sin preocuparse en lo más mínimo por mi negativa después de su prolija presentación, me preguntó, con un tomo muy sugerente, casi dulce: *¿Usted le avisó a su hijo que no le iba a comprar esta consola, verdad?* Como ya estaba de espaldas a él, rumbo a la salida, me di vuelta y le contesté: *Así es, ya le dije que pensara en otro regalo;* entonces respondió: *Imagínese llegando con este regalo ¡qué buena sorpresa le daría!* En ese instante mi mente proyectó la imagen de mi hijo abriendo el paquete, viendo que era lo que tanto deseaba, con sus amiguitos felicitándolo, diciéndome con la mirada que era el mejor padre del mundo y con mi esposa de fondo sonriéndome y expresando un OK con la mano. La imagen me hizo cambiar el rostro, me produjo un sentimiento inexplicable y me llevó a decir: *Y con tarjeta de crédito, ¿en cuántas cuotas lo puedo comprar?*

Razón emocional	Pensamiento	Conclusión
Tamaña sorpresa para mi hijo.	Quiero vivir ese momento, quiero ser un padre ídolo.	Sí, compro

Quien crea que compré una consola de videojuegos está equivocado; lo que compré fue ese momento que el vendedor logró colocar en mi cabeza para disparar el sentimiento que indefectiblemente lleva a la compra aunque no haya razones lógicas para hacerlo. Es más, en el momento de entrega del regalo me aseguré de registrar la escena, con una filmadora en una mano y una cámara fotográfica en la otra.

El vendedor no solo logró venderme, sino que me regaló un momento que llevo en mi recuerdo para toda la vida, y se lo hizo a una persona que entró con cara de pocos amigos, lo maltrató y le dijo varias veces que no le iba a comprar; definitivamente, se comportó como un loco.

Cuando venda no olvide generar sentimientos; es importante que hable del producto o servicio, pero si no produce en el cliente una emoción que elimine sus barreras lógicas negativas, no venderá ni logrará una relación duradera con él. Las más importantes razones sentimentales y emocionales son: seguridad (me siento más seguro comprando); prestigio (me siento importante si compro); imitación (no puedo dejar de tener lo que tienen aquellos a quienes quiero parecerme); comodidad (deseo una vida más placentera); amor (debo demostrar mi afecto comprándoles lo que desean a los que quiero); gratificación (con el esfuerzo que hago diariamente, merezco tenerlo); inteligencia (si compro esto, me mostraré inteligente ante los demás); pertenencia (si compro, formaré parte del grupo de los que lo tienen); sexo (si compro, conseguiré más relaciones); y otros no tan importantes pero igualmente efectivos, según la persona a la que le estemos vendiendo.

El loco por las ventas habla el lenguaje de los beneficios

Una de las funciones principales del vendedor es la de *traducir*. El loco por las ventas sabe que debe traducir lo que dicen sobre su producto los folletos y las publicidades para que su prospecto entienda en el único lenguaje que le interesa: el de los beneficios que tiene para él.

Si el vendedor habla sobre el producto, sobre lo importante que es la empresa que lo produce y la cantidad de clientes que tiene, su prospecto pensará, aunque no lo diga, *¿Y a mí de qué me sirve eso?*

Como todos los cursos de ventas hablan de características y beneficios, yo solo quiero resaltar el comportamiento del loco por las ventas. Sabemos que el éxito está en vender beneficios y no un producto, y que cuando el vendedor habla de sus características, o sea *qué es*, no logra llegar tanto al prospecto como cuando habla de los beneficios, o sea *para qué le sirve el producto al cliente y en qué forma puede mejorarle la vida*. Porque a nadie le interesa saber que tal modelo de celular es compacto, sino que cabe en cualquier bolsillo. Ante la característica de que es compacto, el cliente pensará *Qué inteligente el que lo inventó*, y ante el beneficio de poder llevarlo en cualquier bolsillo, pensará *Qué útil para mí*.

Lo que el loco por las ventas hace es recibir los manuales o folletos y ponerse a trabajar en su traducción al lenguaje que le interesa al cliente.

1. Identifica si lo expresado es una característica o un beneficio

Utilizando lo que aprendió en la escuela primaria sobre la composición de las oraciones en sujeto y predicado (una ayuda para los que ese día justo faltaron a clase: se debe preguntar *¿quién...?* seguido del verbo; la respuesta es el sujeto). Si el sujeto es el producto, el texto describe una característica; si, en cambio, el sujeto es el cliente, describe un beneficio y, por lo tanto, al prospecto. Por ejemplo, en la oración *Este modelo de celular es compacto*, el sujeto es *este modelo*, por lo tanto se trata de una característica; pero en *Usted lo puede llevar en cualquier bolsillo*, el sujeto es *Usted*, o sea el prospecto.

2. Busca formas para llevar al prospecto a que se apropie mentalmente del producto

El loco por las ventas sabe que cuando el producto entró en la mente del prospecto ya está media batalla ganada. Para llevarlo a ese estado, el vendedor intenta que el prospecto se imagine usando el producto, viviéndolo y aprovechándolo. ¿Cómo se hace? Gran parte estará resuelta al hablar el lenguaje de beneficios, porque el prospecto se imaginará ya disfrutándolo. Por ejemplo, cuando le decimos *Puede registrar todos sus mejores momentos con la cámara del celular*, él quizá se vea sacando fotos en una reunión con amigos. Pero lo más importante es crear frases para no dejar librado al azar que se lo imagine sin fuerza, ya que a algunos prospectos les cuesta mucho crear lindos pensamientos, y con ellas, llevarlo a ese estado en el que el prospecto entra en trance con el producto. Se trata de dirigir su pensamiento como si fuera una película, diciéndole *Imagínese en una reunión divertida con sus amigos, sin una cámara para registrar ese momento; cuando empieza a lamentar no haber llevado la cámara, recuerda que tiene una en su celular y toma la foto más linda del grupo, esa foto que tal vez los identifique para siempre.*

3. Reúne pruebas para demostrar que los beneficios que va a transmitir son fundamentados

El loco por las ventas sabe que nadie cree a los vendedores, que el prospecto lo primero que piensa es *Él me dice esto porque le interesa ganar su comisión* y muchas veces no solo lo piensa sino que lo dice sin tapujos. Por eso se dedica a reunir pruebas sobre lo que dice, testimonios de clientes satisfechos y escritos de prensa o referentes en el tema. Por ejemplo, de nada sirve decirle al prospecto *Usted pasará a pertenecer al grupo de los exitosos que usan este producto* si no podemos mostrarle una foto de un exitoso usándolo.

Al finalizar los 3 pasos indicados, carga los resultados en la tabla de preparación del loco por las ventas. (En el gráfico de la página siguiente se ha tomado como ejemplo la venta de un teléfono celular.)

Durante mi carrera como vendedor, siempre obtenía pruebas —fotos, cartas, impresos de prensa, audios y hasta videos de mis clientes— que muchas veces les he dejado a mis prospectos durante un día, y sin que yo volviera a llamarlos, me llamaban sus secretarias para decirme que podía pasar a buscar mi material y me daban los datos para que emitiera la factura.

El loco por las ventas sabe que los mejores vendedores de su producto son los clientes y como ellos no pueden dedicarse a venderlo por él, utiliza sus cartas de recomendación, sus fotos y la grabación de sus voces.

Características	Beneficios	Pruebas
Compacto.	Lo puede llevar en cualquier bolsillo.	Mostrar el propio en el bolsillo.
Vibrador.	Puede saber que lo llaman en reuniones o lugares ruidosos.	Hacer sentir la vibración.
Grabador de audio.	Puede grabar sus reuniones, o registrar sus ideas.	Grabar una frase y hacérsela escuchar.
Todos los sistemas de comunicación: wi-fi, blue tooth e infrarrojo.	Puede conectarse a Internet y consultar sus correos electrónicos en cualquier lugar con wi-fi.	Conectar a Internet vía wi-fi o transferir información entre mis dos celulares.
Ideal para empresarios que viajan mucho.	Usted lo aprovechará muchísimo en sus viajes como muchos empresarios que ya lo tienen.	Mostrar la lista de clientes empresarios conocidos que ya lo han comprado.
Cámaras de fotos y video	Podrá registrar los mejores momentos.	Sacar una foto de alguna parte linda de la oficina y mostrársela.
Organizador y alarma.	Agende sus reuniones y una alarma se las recordará igual que una secretaria.	Mostrar mi reunión fijada con el propio cliente.
Es el celular más nuevo que existe.	Se lucirá con este modelo, no hay nada más nuevo.	Mostrar copia de una nota del diario que hable del nuevo celular.
La mejor asistencia posventa.	Cualquier duda de uso o necesidad de ayuda, podrá comunicarse con nuestro call center las 24 horas y le resolverán el problema.	Mostrar la carta de agradecimiento que uno de mis clientes envió al call center después de recibir ayuda.

Cómo comunica un vendedor cuerdo

Este espectacular celular es compacto, tiene vibrador, grabador de voz, sirve para todos los sistemas de comunicación: wi-fi, blue tooth e infrarrojo, es ideal para empresarios que viajan mucho, viene con cámara de fotos y video, tiene un muy buen organizador y alarma. Es el celular más nuevo que existe y le brindamos la mejor asistencia posventa.

Cómo comunica un loco por las ventas

Usted puede llevar este espectacular celular en cualquier lado, porque es compacto (mire, yo tengo el mío en el bolsillito de la camisa)*; sabrá que lo están llamando en reuniones o lugares ruidosos, porque vibra al sonar* (sienta su vibración)*; puede grabar sus reuniones o registrar sus ideas gracias al grabador de voz* (escuchemos, acabo de grabar lo que dije)*; puede conectarse a Internet y consultar sus correos electrónicos en cualquier lugar con wi-fi* (mire cómo se conecta en este momento y de forma muy simple)*; usted lo aprovechará muchísimo en sus viajes tal como lo hacen muchos empresarios que ya lo tienen* (observe la lista de empresarios conocidos que ya me han comprado)*; podrá registrar los mejores momentos, ya que viene con cámara de fotos y video* (vea la foto que tomé de su oficina, que, por cierto, es muy linda)*; imagínese en un viaje de negocios pasando por un hermoso lugar; no lleva cámara, pero con su celular toma quizá la foto más linda del trayecto; también podrá agendar sus reuniones mediante el organizador con alarma que posee el celular y un sonido se las recordará como si fuera una secretaria* (yo tengo anotada esta reunión con usted)*; créame, se lucirá con este modelo, no hay nada más nuevo* (mire esta nota que salió en el diario hablando maravillas de este equipo)*; y, muy importante, ante cualquier duda de uso o necesidad de ayuda podrá comunicarse con nuestro call center las 24 horas y le resolverán el problema* (una muestra de que las personas que están atendiendo son capaces y preparadas es este testimonio de un cliente mío agradeciendo la ayuda que le brindaron).

El loco por las ventas es un artista que modela el producto a medida del cliente

De nada sirve ametrallar con beneficios al cliente. Como vimos, suena lindo, es atractivo y convincente, pero solo es efectivo cuando esos beneficios son coincidentes con las necesidades del cliente. Por eso el loco por las ventas habla poco y pregunta mucho. Claro, cualquier cuerdo diría *¿A este vendedor no le gusta hablar? ¡Debe estar loco!* Sí, la respuesta es afirmativa porque el buen vendedor sabe que debe preguntar, hacer hablar al cliente sobre su necesidad y responderle a cada una con un beneficio y una prueba de que es cierto. Sabe que si habla mucho, el cliente se aturde y deja la conversación física o mentalmente; si habla poco, no logra descubrir las necesidades del cliente, pero si habla lo justo y ni una palabra más, el prospecto quedará convencido de que el producto está pensado para él.

Vea estos ejemplos gráficos.

Necesidad 1	Beneficio 1	El prospecto siente que el
Necesidad 2	Beneficio 2	producto no cumple con
Necesidad 3	Beneficio 3	todas sus necesidades.
Necesidad 4	X	
Necesidad 5	X	

Necesidad 1	Beneficio 1	El prospecto siente que
Necesidad 2	Beneficio 2	el producto tiene más de
Necesidad 3	Beneficio 3	lo que él necesita, que
Necesidad 4	Beneficio 4	podría costar más barato
Necesidad 5	Beneficio 5	si no fuera así, y que perdió
X	Beneficio 6	tiempo escuchando cosas
X	Beneficio 7	que no le son útiles.

Necesidad 1	Beneficio 1	El prospecto siente que
Necesidad 2	Beneficio 2	el producto está hecho a
Necesidad 3	Beneficio 3	su medida y que tiene los
Necesidad 4	Beneficio 4	beneficios que resuelven
Necesidad 5	Beneficio 5	justo sus necesidades.

Me gusta comparar la venta con el espectáculo, porque para vender hay que ser actor, pero también me gusta compararla con el deporte, y en este caso viene bien una analogía con el tenis. Imagine la entrevista de ventas como un partido donde su prospecto contesta con necesidades y usted con beneficios. Si él se la pasa tirando necesidades y no le responde un beneficio, se aburrirá de jugar con usted y buscará un contrincante de su nivel. Si usted le tira demasiados beneficios, él se sentirá avasallado, abandonará el juego y también buscará un contrincante de su nivel. En cambio, si usted a cada necesidad, por más difícil que le caiga, le responde con un beneficio, manteniendo el control del juego, en un ritmo de ida y vuelta, hasta que pueda cerrar con un tanto a favor, habrá ganado la venta y el cliente estará contento de haber jugado con usted. Además, le aseguro que volverá a desafiarlo en otras ventas con el interés de ganarle, con lo cual le dará la oportunidad de ganar muchos partidos... perdón, ventas.

El loco por las ventas hace de su exposición de venta un show especializado según el comportamiento de cada cliente

Identificación por la PNL

La PNL, programación neurolingüística, estudia la experiencia humana subjetiva, analiza cómo organizamos lo que percibimos y filtramos del mundo exterior, a través de los sentidos. A continuación explicaré cómo interpreto eso que aprendí y veremos cómo lo aplican los locos por las ventas.

Todos percibimos a través de los sentidos, pero la teoría de la PNL nos muestra que hay personas que utilizan unos sentidos con más frecuencia que otros. Algunos perciben el exterior preferentemente por la vista, otros por el oído y otros por el olfato, gusto y tacto, lo que permite clasificarlos en visuales, auditivos y kinestésicos, respectivamente.

Los visuales

Necesitan ser mirados cuando les estamos hablando o cuando lo hacen ellos, es decir, tienen que percibir que se les está prestando atención. En su lenguaje usan palabras relacionadas, como: *...mire, necesito..., desde mi punto de vista..., yo lo veo así.* Hablan rápido y en volumen alto, piensan en imágenes, y muchas cosas al mismo tiempo. Son los que habitualmente empiezan una frase y antes de terminarla pasan a otra, y suelen perderse en su propio discurso (*¿Qué le estaba diciendo?*).

Cómo les vende el loco por las ventas a los visuales

Generalmente, cuando el visual entra en un salón de exhibición, se queda parado a cierta distancia del producto, y lo observa. El loco por las ventas se acerca a su lado y le dice en forma casi confidencial: *¡Qué buen **diseño** tiene!, ¿no?*

Si la venta es en otro ámbito, descubre su preferencia por cómo maneja el folleto, ya que lo mira de arriba abajo y se concentra en las fotos. En su oficina suele haber fotos de familiares o de la empresa, mucho diseño, quizá un televisor o cuadros. El visual suele tener recepciones muy bien decoradas y recepcionistas muy lindas (a diferencia del auditivo que tiene recepciones con música y recepcionistas de voz hermosa, y de los kinestésicos, que tienen lo necesario para trabajar y recepcionistas muy eficientes).

Luego, para ganarse su confianza, el vendedor se comunica con su prospecto mirándolo a los ojos. Utiliza palabras relacionadas con lo visual, como mirar, observar, percibir, reparar, divisar, distinguir, advertir, contemplar, presenciar, asistir. Le muestra folletos, sobre todo las fotos, y videos si los tiene.

Los auditivos

No son tan rápidos como los visuales, ni tan lentos como los kinestésicos. Necesitan que su interlocutor diga algo cada tanto, aunque sea *ahá...* o *mmm..*, para comprobar que el otro está con ellos, que les presta atención. Usan vocabulario auditivo, como *me hizo **click**.., **escúcheme**.., me **suena**.., en algún lado lo **oí**.* Piensan de manera secuencial, una cosa por vez, y hasta que no terminan una idea no pasan a otra. Por eso, más de una vez, ponen nerviosos a los visuales.

Cómo les vende el loco por las ventas a los auditivos

Al entrar en un salón de exposición del producto, casi siempre el auditivo busca alguien que le hable. Si lo detecta, el loco por las ventas inmediatamente lo saluda con un tono amable y lo invita a sentarse para hablar.

Si la venta es en otro ámbito, lo puede descubrir mediante el folleto, porque el auditivo lo ignora y pide: *Cuénteme de qué se trata.* En su oficina suele haber música ambiental, o un equipo de sonido a la vista, o está alejada del ruido, bien escondida del sonido del resto de los empleados.

A los que perciben la realidad preferentemente a través del oído, les gusta que todo se trate tema por tema, y el loco por las ventas, para ganarse su confianza, hace pausas frecuentes. Cuando el prospecto le habla utiliza estímulos verbales que reflejen que lo está atendiendo y entendiendo: *ahá..., sí..., entiendo..., eso es..., mmmmm..., muy buena idea.* En el transcurso de la negociación, también él utiliza palabras relacionadas: ***escuche*** *este beneficio..., lo que le voy a decir será **música** para sus **oídos**..., le **dirán** muchos elogios cuando use esto.*

Los kinestésicos

Buscan contacto físico. Son los que nos dan una palmadita en la espalda al saludar, y recurren a expresiones táctiles o motrices, como *me puso la piel de gallina...*, *me heló la sangre...*, *casi me desmayo...*, *salté de alegría.*

Todos tenemos los tres sistemas representacionales y a lo largo de la vida se va desarrollando uno más que otros, según la experiencia familiar y la laboral.

Cuando vi lo efectivo que es saber esto para vender (dije cuando *vi* identificándome como un total visual) dediqué bastante tiempo a detectar esas formas de percepción en la gente que me rodeaba, y así practicar para después aplicarlo con mis prospectos. Al ir a bailar noté que los visuales miran las luces y aprecian los colores de la discoteca, dicen *qué lindo este lugar*; en cambio los auditivos hablan de la música, *qué buenos temas pasaron* y los kinestésicos dicen, *vamos allá que hay más gente* y se mueven tomando del brazo a su acompañante. En sus automóviles me di cuenta de que el que lo "tunea" todo es visual y si no tiene plata para "tunearlo" le coloca, al menos, algo que lo identifica visualmente, algo colgado del espejo, una gran calcomanía, etc.; el kinestésico no quiere que le toquen su auto, cuanto más original esté, mejor. Finalmente en el sexo, y para ponerle una dosis de alegría a esta teoría, las visuales disfrutan de un disfraz, las kinestésicas prefieren la luz apagada para concentrarse mejor en las sensaciones táctiles y las auditivas aprecian la música de fondo y las palabras.

Cómo les vende el loco por las ventas
a los kinestésicos

Generalmente al entrar en un salón de exposición, el kinestésico tiende al contacto físico con los productos: los toca, se los prueba si son prendas de vestir, se sienta en él si es un vehículo. Si la venta es en otro ámbito, es importante observar lo que hace con el folleto: no lo mira ni lo rechaza, sino que lo toma y se lo pone bajo el brazo, o lo mantiene en la mano. En su oficina suele haber muebles robustos.

El loco por las ventas se le acerca y permite que toque, o use el producto. Sabe que al kinestésico le gusta hablar de detalles, de garantías, de pruebas. También sabe que el seguimiento a este cliente no debe ser por teléfono; por lo general, una llamada no da el mismo resultado que con un auditivo. A los auditivos se los llama más asiduamente, y a los kinestésicos y visuales se los visita.

Otras tácticas de los locos por las ventas para sintonizar con sus prospectos

Además de lo que hemos visto de la PNL, las personas suelen comunicarse en tres estilos clásicos: el orientado a los *sentimientos*, el orientado a los *detalles* y el orientado a los *resultados*.

Los que se orientan a los sentimientos al hablar

Los prospectos de este tipo suelen expresar el sentimiento que los lleva a averiguar sobre el producto o servicio. Por ejemplo: *Lo llamé porque **siento** que ya es hora de demostrar mi cariño a mi hija regalándole lo que su empresa ofrece. Hace mucho que ella me lo está pidiendo, pero con las presiones, aumento de trabajo y demás, no pude dedicarme antes a buscarlo. No sabe cuánto agradezco que me haya visitado.*

Todo desde, y hacia, los sentimientos. Son personas que pueden tomarse todo el día para manifestarlos, tanto los alegres —en cuyo caso serán tan efusivos que pueden llegar a dar un abrazo por haberles hecho un descuento y/o hablar de lo felices que están—; como los negativos, por ejemplo, los referidos a la carga de trabajo, problemas y falta de tiempo para disfrutar la vida.

Si la compra no lo complace, reclamará el mal momento que la empresa le hizo pasar, los conflictos que tuvo con su pareja por haber comprado el producto o servicio y hasta las consecuencias de salud que le trajo su elección.

Cómo les vende el loco por las ventas a los que se orientan a los sentimientos

Le demuestra el mismo entusiasmo y preocupación por los sentimientos expresados. Sabe que este tipo de prospecto valora mucho ser correspondido y compra más por la gente que le vende que por el producto que le venden.

Aunque el sentimiento expresado parezca una nimiedad y el loco por las ventas tenga una personalidad totalmente diferente y una posición sentimental opuesta, al igual que las especies que toman el color del ámbito natural en el que se encuentran, llega a sentir de la misma manera y sin ser falso, llega a emocionarse, enojarse y mimetizarse con lo que siente el prospecto.

Volviendo al ejemplo, le respondería de la siguiente manera: *Entiendo la importancia de este momento y le agradezco mucho que me haya elegido para algo tan noble como demostrar el cariño que usted siente por su hija complaciéndola en lo que le pide. Es por eso que me gusta mi profesión, porque muchas veces soy un medio para que se lleven adelante decisiones tan lindas como la que usted está tomando. Viendo su preocupación, no me queda duda de que usted es un buen padre; no se inquiete, todos los padres estamos con poco tiempo y muchas obligaciones en este mundo tan loco, pero lo compensamos enormemente con actitudes como esta. Dígame cuándo prefiere que le entreguemos a su hija el producto. Me imagino que quiere que le preparemos una gran sorpresa.*

Si la empresa le falló, el loco por las ventas, respondería así: *No sabe lo mal que me pone que le haya pasado todo eso por culpa de nosotros. Créame que estoy de su lado, como todos en la empresa, pero en este caso es mi responsabilidad que usted se va-*

ya satisfecho y vuelva a sentir lo que antes sentía por nuestro servicio. Ayúdeme a ayudarlo, dígame qué podemos hacer por usted para recuperar su opinión sobre nuestra compañía y demostrarle que este fue un momento que jamás hubiéramos querido vivir con lo buen cliente que usted es. Lo escucho, haremos lo posible por satisfacer su requerimiento.

Los que se orientan a los detalles

Habitualmente describen todos los pormenores de lo que ha precedido al encuentro y mencionan todos los detalles que necesitan conocer sobre el producto o servicio. Por ejemplo: *Ayer, a eso de las 2 de la tarde, le pedí a mi secretaria que se pusiera en contacto con su empresa para solicitarle una reunión con usted. Esta mañana, a las 10.15 aproximadamente, sabiendo que usted ya tenía marcada una reunión con nosotros a las 13, decidí averiguar más sobre su producto y antes de que hable me gustaría mostrarle mis anotaciones.*

Son personas que hablan de horarios, fechas, tecnicismos y nombres exactos de todo. Ciertas veces saben más del producto que el mismo vendedor y no se les escapa nada de lo que el vendedor escriba o diga y si después notan un cambio, no solo lo corregirán, sino que muchas veces han procurado hasta tener pruebas para demostrar la equivocación.

Si la empresa les falla, apoyan su reclamo con los correos electrónicos impresos, las copias de todo lo que firmaron, los nombres de las personas con las que hablaron por teléfono, e incluso datos y detalles que el vendedor no conocía.

Cómo les vende el loco por las ventas a quienes se orientan a los detalles

Pone énfasis en los detalles, le brinda al prospecto la percepción de estar tratando con alguien que sabe lo que dice. Aborda temas exclusivos para conocedores, como: *Le voy a contar algo que usted, por lo que veo que sabe del producto, va a apreciar. O bien: Veo que usted sabe mucho del producto y, si dispone de unos minutos, voy a mostrarle algo que va a reconocer: mire la forma en que está soldado, aprecie este detalle de la calidad de sus tornillos.*

Si la empresa le falla, le da precisiones acerca de la solución; se enfoca en *quién, qué, cuándo* y *cómo* arreglará el problema. Por supuesto, si promete un horario de llamada no lo va a llamar antes ni después, sino en el segundo exacto que le dijo, porque sabe que este tipo de clientes estará esperando del otro lado.

Los que se orientan a los resultados

Estos prospectos comunican el resultado que necesitan, y no toleran procesos ni esperas para obtenerlos. No saben nada de los detalles y menos de sentimientos, que confunden con debilidad o sensiblería. Suelen decir cosas como: *Lo llamé para ver hoy el producto, porque necesito que me lo entreguen mañana. Si usted no puede, comuníqueme con un superior. Hablando la gente se entiende. No hay tregua. Lo necesito mañana y mañana me lo van a entregar.*

No les interesa quién los atiende, sino que satisfaga sus exigencias. Comúnmente les pierden respeto a vendedores y funcionarios, si no cumplen con sus caprichos.

Si la empresa les falla, suelen acercarse para exigir en forma inmediata una solución; se expresan con violencia y consideran un inútil a quien les dice "no". Hasta que no escuchan el "sí" a sus propuestas, no paran de pensar que son todos unos ineficientes.

Cómo les vende el loco por las ventas a quienes se orientan a los resultados

Les hace sentir que está actuando con celeridad. Utiliza palabras como *ahora* o *ya mismo*. No habla de lo que la empresa va a hacer, sino de lo que él puede hacer; se comporta como su asistente. Se enfoca en cuando la persona esté ya disfrutando del producto y minimiza las condiciones y procesos para obtenerlo, sin entrar en detalles. Por ejemplo, en el caso anterior contesta: *Señor, ya mismo voy a enviar el pedido, déjeme hacer una llamada para trabajar en todas las posibilidades que existan y entregarle mañana. En cuanto salga de aquí, iré personalmente a la empresa para hacer el seguimiento de su pedido y lo mantendré informado. Si me firma en este instante estos simples papeles, sus datos los completo yo, me voy a sentar con su secretaria así dispone usted de tiempo para seguir con sus asuntos. Estamos en contacto.*

Si la empresa le falla, lo llama inmediatamente y le cuenta lo sucedido, sin hablar de inconvenientes, procesos, ni sentimientos. Porque sabe que en cuanto le diga *No sabe cuánto lamento lo sucedido,* el cliente le contestará *No me importa que lo lamente, necesito que lo solucione ya.* Y si comete el error de decirle *Lo que sucede es que se averió la transportadora y necesitamos resolver una parte de...,* le dirá algo así: *No me interesan sus máquinas ni sus procesos; usted me prometió para hoy, se ve que no tienen espalda para resolver inconvenientes en la producción.* En estos casos pone énfasis en el resultado, no en el proceso, y le responde: *Señor, agotamos todas las posibilidades antes de llamarlo. Yo mismo verifiqué que, aunque no depende de nosotros, sí deberíamos haberlo previsto. Como le vamos a entregar mañana y no hoy, le reconoceremos nuestro error con un importante descuento. Estoy en mi celular, lo mantendré informado, pero sea la hora que sea, si tiene alguna duda o inquietud llámeme sin problemas; he suspendido todos mis compromisos, laborales y personales, para arreglar este problema y estar a disposición de usted y su empresa, ambos muy importantes para mi gestión.*

CAPÍTULO 3

LOS CUERDOS ESCRIBEN PARA QUE QUEDE LINDO. LOS LOCOS ESCRIBEN PARA VENDER

Cómo hacer que el material escrito genere mayor retorno de venta

Hay dos departamentos de la empresa que suelen generar grandes dolores de cabeza a los locos por las ventas, cuando sus responsables deciden hacer su trabajo sin tener en cuenta a los vendedores. Uno, ya sabemos, es el de Administración; el otro es el de Marketing. Los marketineros cuerdos saben mucho de mercados, estrategias de llegada, diseños y campañas, pero muy pocas veces lo que luchan los vendedores para que ellos tengan éxito. Gran cantidad de ideas de marketing han resultado exitosas gracias a cómo condujo a su ejército un buen gerente de Ventas, aunque no sonó un solo teléfono ni se acercó un solo prospecto, y a pesar de que los folletos, carpetas y promociones no atraían en lo más mínimo a los que ellos atendían. Cuántas veces he escuchado: *Yo no uso esos folletos, me complican la venta*; o: *Nadie que conozca a nuestros clientes puede hacer esa publicidad, otra vez no van a sonar los teléfonos, ¿por qué no nos preguntan antes de hacerlas? Nosotros conocemos perfectamente a nuestros posibles clientes.*

En este capítulo mostraré cómo los locos por las ventas transforman los textos publicitarios en convocatorias, las carpetas de presentación, en anzuelos de venta, las descripciones de los folletos, en interesantes lecturas, y los contenidos de los presupuestos, en argumentos de compra.

Cómo lograr que cada lector inicie su acción de compra

El loco por las ventas escribe en un orden diferente del que usan los cuerdos

Vimos en el Capítulo 2 que el loco por las ventas comunica todo con el lenguaje de los beneficios. Por eso, a diferencia de todos los textos cuerdos, que se ordenan a partir del nombre de la empresa, siguen con el nombre del producto, su descripción y finalizan con los beneficios para el cliente, él empieza por lo que más le interesa al prospecto —para qué le sirve ese producto, qué puede hacer por él— y solo después pone qué es, quién lo fabrica y cuánto cuesta.

El loco por las ventas transforma los textos publicitarios en convocatorias

El loco por las ventas sabe que el principal enemigo de las ventas es el ego de las empresas y sus propietarios o gerentes. Y cuando ve un aviso publicitario en el que lo primero que se ve es la marca, el producto, o un texto que dice lo importante que es la empresa, la trayectoria que tiene o los clientes que posee, sabe que va a tener que trabajar el doble para vender.

Es muy común que los propietarios y gerentes les digan a los marketineros cosas como *El logo de la empresa está muy chico; agranden esa parte en la que dice que tenemos ya veinte años en el mercado; hagan que la foto del producto ocupe media página y achiquen un poco el texto,* con lo que logran diseños que hacen muy notoria a la empresa, muy notorios a sus dueños y directivos, muy notorio al producto y también muy notorio el silencio de los teléfonos.

Quiero destacar que está muy bien que se haga publicidad de marca, que se logre colocar la imagen del producto en la mente del mercado y se destaque el prestigio de la empresa, pero si el objetivo es vender, se debe llamar la atención del lector. Si el objetivo es hacer que suenen los teléfonos de los vendedores, se debe dar más importancia a lo que mueve a la acción del prospecto, y eso, sin discusión, es lo que la empresa y el producto o servicio que ofrece puede hacer por mejorar su vida.

Una buena manera de saber si la publicidad gráfica provocará interés y atención es colocarla por un rato ante varias personas, a un metro y medio de distancia, y después pedirles que digan lo que recuerdan. Está demostrado que su efecto es el mismo que provocan los avisos publicitarios en nuestra mente cuando pasamos la página de un diario o revista, recibimos un folleto en la vía pública o damos un vistazo a nuestro correo electrónico.

En mis cursos presento dos diseños. Uno de ellos es la foto de un hermoso barrio residencial cerrado, al que se accede por un camino flanqueado de árboles. Lo que todos los alumnos recuerdan es el nombre del barrio, Piedra Azul, y el sendero, y la mayoría de ellos creen que es un cementerio privado. El otro, en cambio, es un diseño muy feo, con una foto no tan fea de un joven estudiando y con un texto bien visible que finaliza con las iniciales C.E.J. Cuando les pregunto a mis alumnos qué recuerdan y qué han interpretado, responden que se trata de una carrera de 2 años, en algún instituto llamado "C.E.J.". Yo les aseguro que en el caso de Piedra Azul la mayoría de los que estén en

67

búsqueda de un barrio residencial cerrado pasarán la hoja, en cambio en el caso del C.E.J., quienes estén buscando una carrera corta se detendrán en el aviso con entusiasmo, independientemente de su aspecto, porque lo que le interesa al lector es que se le muestre dónde obtener lo que mejora su vida.

Otro detalle que se debe contemplar es lo enseñado por la PNL. Ya vimos también en el Capítulo 2 cómo perciben el mundo exterior las personas, según sean predominantemente visuales, auditivas o kinestésicas y cómo debemos sintonizar con ellos. De la misma manera debemos lograr sintonía con nuestras publicidades.

Los visuales valorarán la diagramación y las fotos del producto o de personas utilizando el servicio, e irán directamente a verlo al local, o a sus oficinas si lo que usted brinda es un servicio. Los auditivos apreciarán el mensaje, el eslogan, y los comentarios que reciban de vecinos, compañeros de trabajo o familiares para después llamar por teléfono a algún vendedor. Los kinestésicos considerarán importante que haya datos técnicos, pruebas, plano interno del producto, leerán las letras más chicas del aviso y luego le pedirán a alguien que llame al vendedor para que lo vaya a ver personalmente. Por lo tanto, para que un aviso llegue a todos y sintonice con todos, es imprescindible que contemple esas tres maneras de percepción: con imágenes, buenos argumentos o mensajes, y textos que brinden información en detalle, a menos que se prefiera no llamar la atención sobre alguno de estos aspectos. Por ejemplo, si usted vende un producto que no tiene un gran diseño, y sus clientes suelen comprarle por el precio o por los detalles de calidad, apele sobre todo a los kinestésicos: evite colocar fotos y mensajes largos, vaya directo al grano con pruebas de que lo que vende es eficiente, y aclare cómo conectarse con usted.

El loco por las ventas transforma las carpetas de presentación en anzuelos de venta

Cualquier cuerdo que vaya a escribir una carpeta de presentación de una empresa, y quiera hacerla prolija y completa, elegiría coherentemente el siguiente orden.

a) Nuestra empresa: historia.
b) Quiénes somos: staff.
c) Nuestra misión, visión y valores.
d) Nuestros productos/servicios.
e) Ubicación: oficinas, locales, cobertura.
f) Clientes.

Pero los locos por las ventas escriben sus carpetas al revés, porque les interesa vender y no solo resultar importantes.

1. Invierten su estructura

Colocan primero lo que le interesa al lector y, después, quiénes son en su empresa y qué importantes son, para después brindarle argumentos sólidos y un claro cierre de venta.

a) Cuál es el beneficio para el cliente al contratarlo: *qué logra, qué resuelve, cuánto ahorra, cuánto crece, cómo mejora.*
b) En qué consiste el servicio o producto: *no solo qué es, sino, como vimos antes, cómo va el cliente a disfrutarlo, usarlo, aprovecharlo, etc.*
c) Qué le garantiza al cliente que su empresa puede lograrlo: *quiénes son en su empresa, aclarando en qué le puede ser útil al cliente cada uno de ellos; clientes y casos de éxito o testimonio; trayectoria y certificaciones o premios.*
d) Qué le dice al cliente que su empresa va a seguir satisfaciéndolo como él espera y coincidiendo con sus valores: *la misión, visión, valores y otros datos que indiquen el rumbo que la empresa ha decidido tomar para su futuro.*

e) Cómo contratar a su empresa: *facilidades, precios, formas, ventajas y una descripción de cuál es el siguiente paso a seguir para adquirir o contratar el servicio o producto.*

2. Invierten la descripción de los productos o servicios

Los cuerdos suelen colocar los datos en este orden: nombre del producto o servicio, descripción y beneficios. Los locos por las ventas los invierten: beneficios, descripción, nombre del producto o servicio.

Un ejemplo real de una empresa de cobranzas:

Gestión de cobro amistosa de clientes
Mediante llamadas telefónicas y cartas, recordamos el vencimiento y establecemos un compromiso de pago. Logramos suprimir la *pereza* en el pago por parte de algunos clientes.

Un loco pondría:

Logramos suprimir la *pereza* en el pago por parte de sus clientes
Mediante llamadas telefónicas y cartas, recordamos el vencimiento y establecemos un compromiso de pago, con nuestro servicio de *Gestión de cobro amistosa de clientes.*

Un ejemplo real de una empresa de desarrollo de software:

Software de control "Playero"
Programa de gestión de playa de estaciones de servicio, conectado a un cerebro electrónico denominado CEM, que tiene la capacidad de llevar el control de todos los sur-

tidores e integrarlo a la gestión de facturación y ventas. Para controlar el rendimiento de sus surtidores.

Para un loco, sería:

Controle el rendimiento de sus surtidores
Instalando un programa de gestión de playa de estaciones de servicio conectado a un cerebro electrónico denominado CEM, que tiene la capacidad de llevar el control de todos los surtidores e integrarlo a la gestión de facturación y ventas. (Software: "Playero".)

3. Personalizan

Saben que la antiventa es imprimir la misma carpeta para todos, cambiando solo el nombre del destinatario en la primera hoja. Dedican un tiempo a personalizar el material impreso, quitando lo que no sea de interés para el cliente y agregando detalles acerca de lo que pueda llamar más su atención y darle la idea de que el producto está hecho a su medida. Suelen resaltar respuestas a las interrogantes que el cliente indicó, o los servicios que solucionan falencias o debilidades de su empresa.

Ejemplos:

…Con este software logra conocer con exactitud los productos vendidos y resuelve el control automático de cambio de precios.
(Sr. Julio Rodríguez: esto es lo que más le interesó a su jefe en nuestra reunión. Facundo.)
…Permite conocer y fidelizar a sus clientes, y aumentar considerablemente los productos que les compran, por ejemplo, lubricantes y accesorios afines. (Sr. Julio Rodríguez: podemos serle útil en el proyecto de fidelización de clientes que me mencionó. Facundo.)

4. Simplifican

Lo más importante no es saber mucho sobre el producto, sino traducirlo en un lenguaje simple para el prospecto. Si saber mucho y hablar con conocimiento técnico vendiera, el mundo estaría lleno de técnicos de computadoras viviendo de la venta. El loco por las ventas sabe que hablar con sencillez es sinónimo de hacerse entender y si el prospecto quiere hablar en forma técnica será él mismo quien lo indique con sus preguntas.

> *Las palabras* información *y* comunicación *a menudo se utilizan como sinónimos, pero significan dos cosas diferentes. Información es dar; comunicación es entenderse.*
>
> Sydney J. Harris

En mis evaluaciones de comerciales, que realizo acompañando al vendedor con cámara o grabador de audio oculto, suelo ver y escuchar a muchos vendedores cometiendo el error de utilizar palabras de la jerga interna de la empresa o del rubro, o aquellas que habitualmente utilizan los clientes aunque fueran muy técnicas, olvidándose de ese porcentaje de prospectos que no se animan a decir *no entiendo* por no parecer ignorantes, y que no compran porque no comprendieron. Es muy común que los vendedores hagan preguntas como *¿Entiende sobre electricidad alterna, verdad?* y quedarse contentos con una tímida respuesta como *Sí, claro*, acompañada de una expresión que dice a los gritos *No, nada*.

Un ejemplo real de un vendedor de informática:

Esta PC *posee* DVD*Writer,* HD *de 120 giga, tarjeta de video 3D y procesador Intel.*

Un loco por las ventas:

Esta computadora es ideal para el tratamiento de gráficos, tanto juegos como diseños y fotos; tiene un procesador de marca, lo que la hace muy veloz. Puede almacenar muchísima información y le permitirá no solo leer sus DVDs sino también grabarlos. Estas son sus características.

5. Respetan

Muchos textos de venta pierden tanto el foco de persuasión, que terminan hasta faltando el respeto a los que los leen. El ego y el orgullo de los que escriben algunas de las carpetas, textos de web y folletos terminan por arruinar el trabajo de muchos vendedores, por ejemplo, subestimando al prospecto (con frases como *Es lo que usted estaba necesitando,* a las que en su mente responde con un categórico *¿Y cómo sabe lo que yo necesito?*) o asumiendo el rol de adivino (*Sabemos lo que le pasa,* ante lo que el prospecto se pregunta: *¿Será así, o estos son unos tramposos?*).

El loco por las ventas escribe respetando una regla que considera máxima: *El prospecto elige seguir leyéndome o no en cada palabra y cada frase; si logro cautivarlo del principio al final del texto, me llamará.*

Algunos errores que le faltan el respeto al cliente, corregidos por un loco por las ventas

Escrito:
Este material no debe faltar en su biblioteca.
Mente del prospecto:
Sí, me va a faltar porque no pienso comprar.
Corrección:
Obtendrá un completo material para su biblioteca.

Escrito: '
Hemos decidido compartir esta valiosa información con usted.
Mente del prospecto:
"Han decidido", es decir que ellos tienen el control. ¿De qué?
Corrección:
Usted tiene la posibilidad de acceder a esta valiosa información.

Escrito:
Puede pagar con tarjeta de crédito.
Mente del prospecto:
Me dan permiso para pagar con tarjeta.
Corrección:
Elija la forma de pago que le agrade, efectivo o tarjeta.

Escrito:
Hemos diseñado un producto a su medida.
Mente del prospecto:
¿Cómo saben mi medida?
Corrección:
Podemos adaptar nuestro producto a la medida de sus necesidades.

Escrito:
Esta metodología responde a las exigencias del mundo actual, pues ofrece una mayor flexibilidad respecto del tiempo de enseñanza.
Mente del prospecto:
Responde a exigencias que ellos consideran, no me ayuda a mí con mis exigencias; ofrece, ¿pero yo qué logro?
Corrección:
Aprenderá con una metodología que lo ayudará a responder a las exigencias del mundo actual, brindándole una mayor flexibilidad de dedicación de tiempo.

Escrito:
Nuestro servicio está orientado a las PyMEs.
Nuestra empresa provee computadoras e insumos.
Nuestra actividad central es el hardware.
Mente del prospecto:
"Nuestro, nuestra", todo es de ellos. ¿Qué puede ser mío en esa empresa?
Corrección:
Usted cuenta con un servicio orientado a su PyME.
Puede elegir comprar computadoras o insumos.
Puede optar entre diversas soluciones de hardware.

Escrito:
ACME cuenta con un departamento de Capacitación a clientes.
Mente del prospecto:
Sé qué tienen, pero no qué pueden hacer por mí.
Corrección:
Logre un inmediato uso de las herramientas por parte de sus empleados gracias al departamento de Capacitación que estará disponible cuando usted lo necesite.

El cambio del enfoque de sus textos no le hará crecer en un mil por ciento en ventas, pero créame que cautivará a sus prospectos y sobre todo les mostrará una clara diferencia con el mensaje de su competencia que sí se verá reflejada en un aumento de decisiones de contacto con usted.

El loco por las ventas transforma las descripciones de los folletos en interesantes lecturas

El siguiente es un ejemplo de cómo la descripción puede transformarse en una interesante lectura. En una oportunidad, el propietario de una empresa dedicada a la venta de productos para bebés, que me había contratado para asesorarlo en su comunicación comercial, me dio un folleto y me preguntó: *¿Qué les falta a mis folletos para vender más?* Le contesté: *Un poco de redacción atractiva y un poco de locura.* Él, con la cara típica del que siente que está tirando el dinero en un asesor equivocado, me contestó: *¿Locura? Esto no es un manicomio, es una casa seria, de renombre, con más de 20 años de trayectoria.* Lo tranquilicé, le pedí unos minutos de atención, y le mostré lo que la locura puede hacer por una empresa seria. La siguiente es la trascripción exacta de lo que hice con sus productos:

Cuerdos:

Biberón Multi-F
Con tetinas en látex natural, exclusiva válvula anticólico que regula el flujo de aire y produce un flujo constante que reduce el hipo, los cólicos y la regurgitación.

Locos:

Reduzca el hipo, los cólicos y la regurgitación de su bebé
Con tetinas en látex natural y una exclusiva válvula que, regulando el flujo de aire, reduce el hipo, los cólicos y la regurgitación.

Piense, siendo sincero y colocándose en el lugar de una madre a punto de comprar un biberón a su hijo, ¿cuál de los dos textos le parece más interesante? Seguramente que eligió el segundo, porque a nadie le interesa cómo se llama sino qué puede hacer por su bebé.

Cuerdos:

Humidificador iónico

Te presentamos este maravilloso humidificador-ionizador con tecnología de ultrasonido. La alta calidad de sus materiales y componentes garantiza las condiciones óptimas de humedad para la habitación del bebé y una larga durabilidad.

Locos:

Haga que su bebé RESPIRE SANO con un humidificador iónico

Aumente de forma rápida el grado de humedad del ambiente, combatiendo los efectos negativos de la sequedad producida por la calefacción. Puede usarlo también de noche, porque es silencioso. Componentes garantizados de alta durabilidad.

Si una madre recibiera un folleto con la descripción que indican las primeras partes de los dos ejemplos mencionados, seguramente le quedaría esta información: *Tienen biberones sofisticados y humidificadores iónicos,* y continuaría leyendo la descripción solo en caso de que fuera muy curiosa, o le sobrase tiempo.

En cambio, si la misma madre viera los títulos de las segundas partes, retendría esta información: *Puedo reducir el hipo, los cólicos y la regurgitación de mi bebé y hacer que respire sano*; con seguridad continuaría leyendo la descripción para saber cómo se logran tales cosas.

El loco por las ventas sabe que si el prospecto no encuentra entretenido el texto del folleto, difícilmente lo lea o busque el teléfono para hablar con él, o saber más del producto y darle la oportunidad de *vender.*

El loco por las ventas transforma contenidos de presupuestos en argumentos de compra

Resulta extraño ver cómo las empresas invierten fortunas en folletería, publicidad, papelería e imagen gráfica, pero no le dedican ni un segundo a mejorar los contenidos de sus presupuestos para que provoquen mayor resultado de venta.

Al loco por las ventas eso no le sucede, porque sabe que muchas veces los que deciden no lo han escuchado a él en la entrevista; el prospecto no les ha transmitido más del 50 por ciento de lo que le ha dicho el vendedor, no ha visto los folletos, y entonces elige comparando tres presupuestos.

Aprendí la importancia de actualizar y modificar los presupuestos para que sean más vendedores, durante mi primera gerencia de Ventas, en un mes en el que ninguna de las promesas de compra se había cumplido. Todos los *casi, casi está cerrado* se habían transformado en *no sé por qué no vendimos si el prospecto estaba tan contento*. Obviamente tales resultados imponían una reingeniería de las acciones y de las ingenuas reuniones con mi gente. Lo primero que pregunté fue si creían que eran los precios, y todos me contestaron que pensaban estar igual o por debajo de la competencia; *¿Serán los folletos?*, seguí, y uno de ellos me dijo: *Señor, cada gerente nuevo que tenemos cambia los folletos*. Se me prendió la lamparita: si todo había salido bien hasta que el prospecto había tomado la última decisión, ¿qué podría haber estado mal en ese preciso momento? *¡Los presupuestos!* exclamé, y seguí: *¿Cuánto hace que no los cambian?* Los vendedores se miraron extrañados y respondieron: *Los hizo el contador al inicio de la empresa y siempre usamos los mismos*. Me sorprendí: *¿Quieren decir que en más de 15 años se han cambiado los folletos 15 veces y los presupuestos nunca? ¿Y están realizados por una persona a la que le interesa cuánto se cobra, pero no* *cuánto se vende?* En sus ojos vi claramente que sentían vergüenza de no haberse dado cuenta, junto con la primera mirada de respeto que recibí desde que los dirigía. Entonces, con la energía de quien ordena "Leven anclas", propuse: *Hagamos que cada palabra que haya en los presupuestos cautive y convenza a las personas que no tienen tiempo de ver nuestros folletos ni escucharnos.* Desde esa gerencia, muchas conquistas de venta han sido ganadas con nuestros presupuestos y en algunos casos hasta hemos recibido elogios de nuestros clientes.

Para transformar los presupuestos en argumentos de compra, los locos por las ventas tienen en cuenta los elementos que siguen.

1. Personalizan y humanizan

Los presupuestos son documentos que indican algo muy importante, como los precios y condiciones, por eso muchas veces suelen ser expresados con la complejidad de un contrato y la formalidad de una carta judicial, olvidando que no dejan de ser elementos de venta. Una de las modificaciones más importantes es humanizar el presupuesto y no colocar los oraciones tan aburridas como: *Nos es grato dirigirnos a usted a fin de poner a su consideración la siguiente oferta* o *Le confeccionamos el siguiente presupuesto de acuerdo con su solicitud.*

Para humanizar el presupuesto es importante que no parezca realizado por un software automático o un archivo modelo en el que se coloca el nombre del cliente con un simple *copiar y pegar.* Cada presupuesto debe parecer realizado exclusivamente para el cliente, y contener datos que solo a él le podrían interesar.

Ejemplo de personalización del inicio

Un inicio cuerdo
Sr. José T. Visite
Presente
De nuestra consideración:
Nos es grato dirigirnos a usted a fin de poner a su
consideración la siguiente oferta:
RENAULT TRAFFIC 2007

Totalmente impersonal, muy formal y se nota la automaticidad en la disposición del texto.

Un inicio de loco por las ventas
Sr. José T. Visite
Presente
De acuerdo con lo conversado con usted en reunión, quiero poner
a su consideración el presupuesto siguiente sobre la RENAULT
TRAFFIC 2007 con la que logrará optimizar su reparto de pan.

Personalizado, hace referencia al negocio del prospecto.

Ejemplo de personalización en el precio

Un precio cuerdo
RENAULT TRAFFIC 2007
Precio .... **U$S 14.000**

También resulta impersonal. Se destaca el precio y se
da a entender codicia o desesperación por vender.

Un precio de loco por las ventas
RENAULT TRAFFIC 2007 con la que logrará optimizar su reparto
de pan
Precio .... **U$S 14.000**
**(Recuerde que posee un sistema de apertura de puertas
cómodo para el reparto de pan y que recuperará esta inversión
en solo dos años de reparto.)**

Personalizado y humanizado. Se destaca tanto el beneficio como el precio.

2. Transforman condiciones en ventajas

Muchas veces, los presupuestos no hacen más que desafiar al prospecto, o decirle qué cosas debe o no debe hacer. Es muy importante buscar que la frase se entienda como ventaja y no como condición.

Ejemplo de transformación de condición en ventaja

Condición cuerda
Gastos de patentamiento del vehículo: 50% la agencia, 50% el cliente.

Condición-ventaja del loco por las ventas
La mitad de su costo de patentamiento GRATIS. Nos hacemos cargo del 50% del costo de los trámites de patente.

3. Indican el camino a seguir

Varios presupuestos parecen terminar con temor a vender, y casi disculpándose por haberlo presentado. El loco por las ventas cierra sus ventas hasta en el papel, sin temores y guiando al prospecto a la compra.

Ejemplo de indicación del camino a seguir

Final cuerdo
En espera de que la oferta sea de su conveniencia, hacemos propicia la oportunidad para saludarlo muy atentamente.
Pedro Miedo
Asesor de Ventas

Final de loco por las ventas
Al aceptar esta oferta debe comunicarse conmigo al 678-1234 para que pueda alcanzarle inmediatamente los simples papeles a llenar y así contar con su camioneta en menos de 24 horas. Será un placer poder ayudarlo a mejorar su negocio de reparto de pan.
Pedro Valiente, Asesor de Ventas

Para terminar este capítulo: lo primero que dijo el contador de la empresa sobre el cambio de los presupuestos fue que estábamos *cirqueando* (palabra que escuché por primera vez ese día) los documentos de la empresa. Luego me llamó el presidente para preguntarme si creía que era conveniente o prolijo el cambio y oí que la jefa de Administración decía las palabras que me llevaron a escribir este libro: *Está loco.* Con el tiempo las ventas hicieron de nuestro *circo* un espectáculo de resultados y recibimos felicitaciones del propietario después de que uno de sus amigos le pidió permiso para copiar algunos detalles de sus presupuestos para modificar los de su empresa.

CAPÍTULO 4

AUTOMOTIVARSE, EN ESTOS TIEMPOS, ES DE LOCOS

Cómo encontrar la motivación y programarse para el éxito laboral y personal

De todas las habilidades que debe tener un vendedor profesional, hay una que es imprescindible desarrollar para poder afrontar la cantidad de rechazos, desafíos y sobrecarga de trabajo que tiene la actividad de ventas: la habilidad de automotivarse.

Para un vendedor de estos tiempos (cuando los noticieros no hacen más que indicarles lo mal que está todo, los clientes viven preocupados por sus gastos y presionados por sus trabajos, la inseguridad hace que su tarea sea mucho más riesgosa y los objetivos fijados por sus gerentes cada vez son más inalcanzables), es muy difícil mantener la sonrisa que todos los libros de ventas recomiendan. Pero aún más difícil es encontrar quién lo motive, lo aliente y le dé fuerzas. Por eso, la única forma de lograr el éxito es conocer cómo automotivarse y cómo programarse mentalmente para enfrentar cualquier adversidad. Esta es otra de las razones que fundamentan este libro y su idea principal: para ser feliz, sin razones externas y con el único impulso de elegir serlo, se necesita estar loco, loco por las ventas.

En este capítulo contaré las técnicas que utilizan para automotivarse y el estilo de vida que eligen para ser felices los locos por las ventas.

El loco por las ventas se propone conseguir objetivos propios

La motivación es la energía o impulso que moviliza y encamina los recursos de una persona hacia el logro de un objetivo. No se puede encontrar motivación para realizar algo si no hay un objetivo. Y no se trata de un objetivo de ventas, de compra o de subsistencia, sino de un objetivo de realización personal.

Cuando al loco por las ventas se le pregunta cómo se ve a sí mismo dentro de diez años, es capaz de describir casi con exactitud dónde y qué estará haciendo, y cuánto ganará. Porque en cada paso, en cada kilómetro y en cada momento que tiene para pensar, construye su sueño y planifica cómo conseguirlo. Él sabe que los fracasados eligen no pensar en el futuro, que prefieren esos momentos para escuchar radio, música o distraerse, en lugar de pensar en esfuerzo y planes.

Estimado lector (cada vez que lo imagino frente a mi libro, tengo ganas de ir a darle un abrazo por estar allí), responda ahora mentalmente a la pregunta: *¿Cómo voy a estar dentro de diez años?* (Piense bien la respuesta antes de seguir leyendo el siguiente párrafo.)

Si contestó en forma precisa y concreta, por ejemplo: *Dueño de un comercio textil con seis sucursales que se va a llamar Textil Éxito, que va a estar facturando 100.000 dólares por mes y va a estar ubicado en…, va a tener este hermoso logo, y va a inaugurarse en… etc., etc.,* usted tiene medio éxito asegurado. Si en cambio sus respuestas fueron *Mejor que ahora, con una familia, con mucho dinero…* etc., etc., significa que no ha pensado en ello; por lo tanto, depende únicamente de la suerte para conseguirlo. Si este fue su caso y usted es un suertudo, saltee este capítulo. Y si contestó cosas como *Peor que ahora; si no me echan de aquí estaré haciendo lo mismo*, o *Espero que esté bien*, entonces usted no lo va a lograr ni por azar, porque con esa actitud seguro echaría a perder hasta su buena suerte.

Utilizando la analogía que se suele hacer entre el barco y la vida, creo que existen cuatro modos de ser capitanes.

1. Barco de vela sin destino

Cuando no hay un destino cierto u objetivo a alcanzar, el capitán acepta todos los vientos, cambia de rumbo constantemente. Si se le pregunta adónde quiere llegar, seguro dirá *A un puerto seguro, con playas hermosas, un lugar paradisíaco*. Tiene sus deseos de éxito bien claros, pero depende enteramente de la suerte. Cuando al final de su viaje termine en un puerto en plena guerra, el peor de todos, seguro dirá *Yo navegué en forma excelente, fui un capitán sin un solo error, pero la vida me trajo acá, no tuve la suerte de otros*. De la misma manera manejan su vida aquellos que tienen deseos pero no rumbo, ni planes, ni estrategia.

2. Barco de vela con destino

Cuando hay un destino cierto u objetivo a alcanzar, el capitán no sale de su rumbo, aunque aparezcan vientos más favorables pero en otra dirección, aunque deba pasar por tormentas. Tiene muy claro adónde quiere llegar y desea estar allí. Si se le pregunta sobre su viaje dirá *Al Caribe, a las mejores playas del mundo, a un lugar que es un paraíso y que queda a X millas de aquí en esa dirección*. Sin embargo, aunque tiene claro el destino, no tiene un plan, ni una estrategia de viaje, por lo que en cuanto sopla viento en contra, no sabe cómo responder y termina su viaje muy lejos de donde deseaba. Al final dirá *Yo sabía muy bien adónde quería ir, pero la vida me jugó en contra, me dio todos vientos en la dirección contraria.* De la misma forma sucede en la vida con aquellos que saben lo que quieren, pero no se preparan para enfrentar las adversidades. Terminan diciendo *Yo sabía lo que quería hacer, pero no tuve suerte, ni una oportunidad.*

3. Barco de vela con destino y estrategia de defensa ante la adversidad

Si los vientos vienen en contra, este capitán sabe que debe bajar las velas para no retroceder. Cuando esto sucede, espera en ese sitio hasta que llegue un viento favorable hacia su destino. Si este no sopla, terminará su viaje diciendo *Yo nunca retrocedí, jamás los vientos pudieron llevarme adonde quisieron, pero después de mucho viaje, la suerte no me trajo un solo viento a mi favor y tuve que terminar aquí, en la mitad del océano.* Así viven algunas personas, que no llegaron adonde se propusieron, y afirman *Yo nunca me caí, pero no tuve suerte, ese fue mi problema.*

4. Barco de vela con destino, estrategia de defensa ante la adversidad y un plan

Este capitán sabe que no es suficiente saber defenderse ante la adversidad. Por eso traza un plan; se prepara, estudia, piensa y llega a la conclusión de que depender de la suerte es un riesgo muy grande, que lo mejor es depender de sí mismo, y si la adversidad llega, deberá usarla en su favor de alguna manera. Así es que descubre que colocando las velas en diagonal al viento en contra, avanza su barco en esa dirección, y de esa manera, zigzagueando, llega a su destino; más tarde, pero llega. Así es el loco por las ventas, que dice: *Tardé, porque la vida me vino siempre en contra, pero lo logré porque tuve un plan y lo seguí con toda mi alma e inteligencia.*

Una vez, un profesor de la facultad me dijo algo que me dejó pensando un rato: que debía dedicar más tiempo a planificar lo que quería en la vida. Él me preguntó cuántas páginas llevaba escritas, cuántos libros leídos por el estudio y el trabajo; le repuse, orgulloso, que en el último año había llenado 2 o 3 cuadernos, y había consultado cientos de sitios de Internet y 7 libros. Entonces él siguió: *¿Y cuánto has dedicado a anotar tus deseos y lo que vas a hacer para concretarlos? Mucho*, mentí, porque en realidad no destinaba ni una hora por semana a planificar mi vida. Y a pesar del éxito que tenía en ese momento de mi carrera laboral y de estudios, no podía asegurarle a nadie que estaba en camino a lo que siempre había deseado para mí.

El loco por las ventas es 85% actitud

Está demostrado que la actitud es más importante que la aptitud. ¿No ha notado que mucha gente sin estudios ha logrado grandes cosas y que otros con mucho estudio fracasan habitualmente? ¿No ha observado que muchos grandes empresarios solo han sido excelentes vendedores que ni siquiera son expertos en los productos que su empresa comercializa? ¿Acaso cree que es por casualidad? Pues, no es así. Son personas que tienen un conocimiento del 15% y el resto, el 85%, es actitud de éxito.

En una profesión como la de las ventas, en la cual no hay universidad que confirme los conocimientos, y en la que las empresas se encargan de formar a sus vendedores en el conocimiento del producto, y muy pocas veces en habilidades personales, la actitud positiva juega un papel fundamental y hace del vendedor común un vendedor profesional de éxito.

En mis clases en la facultad exhibo dos fotos: en una de ellas hay un vendedor sonriente, vestido como ganador, con una postura de estrella; en la otra, un vendedor que, por su postura y gesto, podría asegurarse que está sobrecargado de trabajo o deprimido. Al preguntarles a cuál de los dos le comprarían algo, todos indican lo mismo que usted hubiera elegido, con excepción de los que se dejan convencer por el sentimiento de lástima, que eligen al deprimido para darle una mano. En ese momento cuento a los que eligieron al de buena cara y postura y siempre son 39 a 1 o 40 a 0. Les digo: *Este vendedor me muestra que tiene 39 oportunidades de venta, y este otro, que el producto no se vende, que puede ser que compre solo uno.* Viéndolos reflexionar, les pregunto: *¿Uno tuvo más oportunidades que el otro, o se las generó con su actitud?* La respuesta es obvia y contundente.

Las actitudes, desde un punto de vista psicológico, se expresan y se hacen tangibles a nuestros sentidos en tres dimensiones: a nivel conductual, a nivel ideativo y a nivel emocional.

A nivel conductual, una actitud se expresa cuando vemos, por ejemplo, un vendedor comportándose amablemente con un cliente. Pero esta amabilidad también tiene su expresión a nivel ideativo, que es el pensamiento que en ese momento el vendedor tiene cuando se dice *Es importante que seas amable con esta persona.*

Y, por último, la amabilidad como actitud se expresa también a nivel emocional, es decir, el vendedor no solo lo piensa y actúa, sino que ¡¡¡también lo siente!!!

El loco por las ventas disfruta de su trabajo aunque sea el peor que haya tenido, porque siempre forma parte de su plan

El loco por las ventas quizá no haya elegido el trabajo que tiene, pero siempre elige cómo lo hará y con qué objetivo.

Como ya vimos, el loco por las ventas tiene un plan de vida que lo lleva a pensar en una estrategia a largo plazo, desechar oportunidades que lo desvíen de su objetivo y aceptar a veces trabajos que no son los ideales, o los que él hubiera elegido antes de tener un plan, pero que sirven de peldaño en su escalera al éxito, por la experiencia, por el rumbo que tienen o por las oportunidades que puedan ofrecer.

Buscar la motivación en factores externos resulta difícil. Todos esperamos tener trabajos motivadores, jefes motivadores y una vida plena de motivos extrínsecos para estar felices. La verdad es que la única forma es encontrar la motivación dentro de sí, en un plan de vida claro y diseñado por uno mismo. Siempre digo a mis alumnos algo que hubiera querido escuchar en mi época de estudiante: *Es muy bueno que sean grandes protagonistas de su vida, pero empiecen a ser los guionistas también, que nadie les escriba el papel que deben representar, elijan ustedes ser el héroe.*

Como siempre dice mi cuñado Martín, *Con el diario del lunes en la mano y los resultados a la vista, todos somos muy inteligentes y podemos criticar, con fundamento, cualquier cosa.* Pero, como este es un libro que puede ser para muchos un diario de lunes recibido antes del domingo, me atrevo a opinar sobre la dificultad que tienen muchos para encontrar aquello que los motive a trabajar felices.

En los países latinoamericanos es común ver a gente muy capaz, muy inteligente, que no encuentra la manera de abrirse camino. Por eso los aeropuertos están llenos de personas que huyen hacia naciones donde las puertas abiertas supuestamente están a la vista, donde la motivación extrínseca es abundante. Veámoslo de esta manera: un estudio realizado en España por el Banco Interamericano de Desarrollo mostró que el 68% de los latinos que se van allí logran su cometido. ¿Por qué cree que la mayoría de los que emigran a España tienen éxito? Si piensa que es porque las cosas allí son más fáciles, permítame decirle que las condiciones laborales son mucho más exigentes; que los latinos son discriminados; que allí no hay familia ni amigos donde buscar contención; que las costumbres son muy diferentes; que el sueldo es muy grande viéndolo únicamente con largavista desde América, pero muy ajustado cuando se está allí; que la depresión por lo que uno extraña es más dura que cualquier adversidad económica y que las condiciones iniciales de vida de muchos latinoamericanos que van allí son de las más bajas que han vivido hasta ese momento, para no hablar de lo terrible que es en el caso de haber dejado a sus hijos en el país de origen.

En síntesis, no es nada fácil, con ese entorno y esas condiciones, lograr absolutamente nada, ¡pero lo logran! ¿Y sabe por qué? Porque **por primera vez en su vida tienen un plan**, un plan que no admite fracaso, que recibe por parte de ellos toda la atención, toda la preparación y todo el entusiasmo por cumplirlo, sin que importe cuál sea la adversidad que se presente.

Un ejemplo es un paraguayo que conocí en un lavadero de automóviles. Yo llevaba mi coche en el último turno y, como me enteré de que vivía cerca de mi casa, una vez le ofrecí alcanzarlo después de su trabajo y esto se volvió una costumbre. Hablar con él era conocer inmediatamente todas las razones por las que debía uno ponerse a llorar: tenía un repertorio de frases y noticias como *En Paraguay no se puede, somos el país número uno en el ranking de corrupción, los gobernantes deberían hacer algo, no alcanza el dinero para nada, no se puede soñar con nada en este país porque de un día para el otro tu sueño es una pesadilla* y muchas más que no quiero nombrarle por respeto a su estado anímico. Siempre terminaba sus charlas con un *¿No me puedes prestar algo de dinero, que me está costando llegar a fin de mes?* En una de las conversaciones me comentó sobre su padrino, el más exitoso de la familia, adinerado, al que le había solicitado un préstamo para abrir un pequeño bar de venta de cerveza y algún alimento. El padrino no había querido darle el dinero porque ante una batería de preguntas como *¿dónde lo* *vas a abrir?; ¿qué marca de cerveza vas a vender?, ¿ya hablaste con los distribuidores?; ¿qué nombre le vas a poner?; ¿pensaste en que vas a necesitar que alguien te ayude?; ¿tu esposa está de acuerdo?; ¿cuánto presupuestaste ganar?; ¿cómo me vas a devolver el dinero?*, seguramente para evaluar el grado de planificación y entusiasmo que tenía su ahijado y así prestarle el dinero, recibió la decepcionante respuesta: *Si no quieres ayudarme, solo dilo.*

Yo lo escuchaba por dos motivos: uno, porque en sus palabras veía reflejada mi actitud de hacía muchos años y quería ayudarlo a cambiar de la misma manera en que me habían hecho cambiar a mí otras personas; y dos, porque en cuanto terminaba su repertorio depresivo hablaba de autos como pocos, y aunque yo no soy un amante del tema, su entusiasmo era contagioso y la información que brindaba era muy interesante para los que somos inútiles con la mecánica.

Aunque a mi coche lo trataba con cierto esmero, no sucedía lo mismo con el resto; por ejemplo mientras lavaba una 4x4 casi cero kilómetro, protestaba y decía cosas como: *Qué trabajo de m... este, y, seguro que el dueño es un político corrupto*, todo esto mirando con desprecio indisimulado al cliente.

Un día me sorprendió cambiando todo su repertorio por *Me voy a España; tengo todo planeado; voy a trabajar en un lavadero*, con la convicción característica de los que saben que van a triunfar.

Finalmente mi amigo paraguayo fue a Zaragoza. Con lo que ganaba no podía llegar a fin de mes, pero esta vez, cuando pudo mostrarle al padrino un plan definido y una estrategia a seguir, consiguió que le facilitara todo el dinero para el viaje.

Ya me había sorprendido su éxito en el proyecto de llegar a España, pero más me sorprendió enterarme de que a los seis meses logró ser jefe de una sucursal de una importante empresa de lavacoches. Sentado en el banco que tengo en la galería de mi casa, me puse a pensar cómo habría sido su experiencia, ya con un plan y la actitud necesaria para el éxito. Sabía que lo había recibido el dueño de un lavadero, lo llevó a una sucursal de su negocio, le mostró su trabajo y le indicó cómo atender a los clientes. También supe que mi amigo estaba feliz, tenía el mismo trabajo que él había llamado *de m...*, con todas las condiciones de vida en contra ya mencionadas (costumbre, lejanía, condiciones, soledad, discriminación, etc.), pero saltaba de alegría.

Me imagino que, al igual que en su país, habrá sucedido lo mismo, pero con resultados diferentes. Intuyo que a la primera 4x4 que apareció la debe de haber tratado como si fuera una obra de arte. Seguramente mientras la lavaba, no dejó de mirar al dueño que estaba esperando y de sonreírle al mismo tiempo que le indicaba con un gesto que iba a quedar excelente. Consecuentemente con su actitud, el cliente, conforme con el trabajo, no habrá dudado en comentarle al dueño que lo felicitaba por la nueva adquisición. Con el tiempo muchos clientes habrán querido que su coche fuera lavado por mi amigo y a los seis meses cuando surgió la oportunidad de elegir un jefe de sucursal el dueño no debe haber titubeado ni un segundo en elegirlo a él para ese puesto. Claro, el paraguayo llamó a sus amigos, incluido yo, para decir que España era el país de las oportunidades. Y varios de sus familiares también prepararon sus valijas.

Si usted leyó detenidamente esta historia notará que mi amigo cambió de país, pero principalmente cambió de actitud y encontró su propia motivación. Todo se modificó en su vida porque trazó un plan y se propuso seguirlo. El trabajo que odiaba pasó a ser el que amaba y el cliente que detestaba pasó a ser el que admiraba. La explicación es sencilla: *no era el trabajo elegido por él, pero ahora formaba parte de su plan, y podía elegir cómo hacerlo.* Su plan era tener su propio taller de "tunning", que actualmente posee después de su paso por España. Los locos por las ventas viven su trabajo de esta manera, saben que aunque las ventas estén bajas o las comisiones hayan cambiado, tener una buena actitud los llevará a concretar su plan.

El loco por las ventas recibe tres pagos por su trabajo: sueldo, capacitaciones y experiencia, para cumplir con su plan de éxito

Ya hemos hablado de la importancia de ser hábil en la profesión de las ventas. No importa qué sea lo que haga o tenga pensado hacer en su vida, pues si no sabe venderlo, el fracaso está asegurado. Por eso es que el loco por las ventas trabaja pensando no solo en lo que va a ganar, sino en lo que va a aprender. Y elige sus trabajos por la paga, pero también por la experiencia que prometen.

Y esa experiencia es también conclusión de la actitud que tiene ante cada tarea. Cada vez que el loco por las ventas hace algo, piensa en lo que hace y en cómo puede aprender de eso para auspiciar la concreción futura de su plan, ya sea su negocio propio, su ascenso o su profesión.

En los agradecimientos de este libro figura una persona que ha sido una de mis maestras: Claudia Morales. Ella me enseñó, con su vida, la importancia de experimentar el trabajo como una universidad paga, como un constante curso para cumplir con el plan propuesto.

Una de las más valiosas enseñanzas que puedo ofrecerle se refiere a una experiencia laboral que cambió mi forma de pensar. Estaba trabajando en una gran empresa, con un edificio de ocho plantas, cada una con su gerente, sus empleados y una persona que limpiaba. En mi piso, el tercero, se produjo una vacante en este último puesto y, si bien no era mi responsabilidad seleccionar gente, porque era el gerente de Ventas, desde recursos humanos me solicitaron ayuda porque habían recibido referencias de que yo era bueno en eso. Aunque aún no reconozco ser un experto en el tema, siempre procuré especializarme en la selección de personas ya que creo que es la mayor habilidad de un líder de equipos y esas referencias me acompañaban de trabajo en trabajo.

Hacía poco tiempo que estaba en la empresa y era la oportunidad de destacarme si lograba traer a una persona que marcara la diferencia, y aunque, como ya dije, sabía mucho sobre selección, salí del trabajo y fui a comprarme el libro *Elija al mejor* de Martha Alles (Granica, 2008), con cuya ayuda armé durante todo el fin de semana un cuestionario de más de 20 preguntas para realizar a las entrevistadas. El lunes al llegar al edificio me encontré con una larga fila de señoritas que daba vuelta la esquina; le pregunté al guardia qué hacía esa cantidad de gente y me contestó: *Tengo entendido que lo esperan a usted, es por el aviso de empleada de limpieza.* Observé el largo de la cola, miré mis apuntes con las 20 preguntas ideales para hacer y pensé: "Y ahora qué hago". Si hacía esas veinte preguntas a todas las entrevistadas iba a demorar dos días. Entonces decidí elegir de las veinte mis, desde ese momento, tres preguntas favoritas, que hasta hoy siguen acompañando mis entrevistas: a) *¿Por qué eligió este trabajo?*, para conocer si es una elección o si es una opción de subsistencia; b) *¿Cómo se ve dentro de 10 años?*, porque al igual que el empleado del lavadero de autos, el que tiene un plan trazado trabaja mejor; y c) *Cuénteme algo bueno y algo malo de usted*, porque me da un panorama aproximado de sus comportamientos extremos.

A la segunda pregunta, algunas respondieron: *¿Y cómo quiere que me vea? Peor, si cada vez estoy peor;* otras: *Igual, nada cambia en este país;* otras parecían más positivas, con frases como *Casada con un jugador de fútbol y paseando por el mundo.* Pero cuando les preguntaba a estas últimas cuál era su plan para lograrlo, si estaban yendo a lugares donde estaban los jugadores o si habían ido a alguna práctica a verlos, la respuesta era un contundente *No* que transformaba lo que parecían planes en simples deseos.

Sin embargo, una de ellas no solo ingresó muy decidida en mi oficina, sino que respondió de la siguiente manera: *Le voy a contestar, pero para eso debo contarle un poco de mi historia, ¿puede ser?* Si bien no tenía tiempo, su entusiasmo y su respuesta, diferentes de las anteriores, me hicieron decir un frío *La escucho, señorita.* Claro, aún no sabía que estaba ante una de las más interesantes personas que conocí en mi vida, que me relató lo que sigue.

Yo trabajo en una casa muy grande y tengo todo lo que una empleada de limpieza puede pedir: buen sueldo, ya me aumentaron tres veces; una buena y excelente patrona; un trabajo cómodo donde ya sé todo lo que hay que hacer; una importante seguridad laboral y sobre todo una amplia satisfacción porque recibo felicitaciones constantemente por mi trabajo, de mi patrona y de sus visitas. Sin embargo, hace unos meses me sucedió algo que me hizo cambiar y venir a ver este trabajo. Resulta que la empleada de la madre de mi patrona murió, ya con 75 años, una mujer que trabajó hasta su último día de vida y me pidieron que fuera a reemplazarla hasta que consiguieran otra persona. Cuando llegué entré al cuarto de la madre de mi patrona, una señora de mucha edad que vive en la cama, vi portarretratos con fotos de ella y la finada empleada, tomadas en varias oportunidades y viajes, donde las dos estaban siempre sonriendo. Primero pensé que tenía suerte de estar en esa familia y recordé también viajes con mi patrona y fotos similares. Pero inmediatamente me vino a la mente la noticia de que entonces esa era toda mi vida, que en algún momento alguien iba a estar reemplazándome y viendo mis fotos. Tuve que sentarme, señor; en un segundo me pasó toda mi vida por la cabeza, como una película, y sentí que no estaba haciendo nada por mejorar.

Ambos hicimos silencio: ella estaba reviviendo aquel momento, y yo sintiendo como propio lo que relataba. Después de un momento, continuó: *Los días siguientes ya no fueron iguales, todo el tiempo pensaba cómo hacer para tener éxito en la vida, sin estudios secundarios, sin dinero para una universidad y sin familia que me apoyara. Hasta que la madre de mi patrona, en una de las charlas interesantes que tenía a diario, me dijo con su voz muy débil: "Si eres buena en algo, procura ser la mejor en ello hasta el punto en que todos digan que eres un modelo a seguir". Ahí estaba la respuesta, yo soy buena limpiando y pensé que podría tener una empresa de limpieza y ser modelo para mis empleadas. Desde ese día no hice más que hacer planes y planes. Y ellos me trajeron a esta entrevista. Para lograr mi sueño necesito este trabajo, porque aquí aprenderé cómo se limpia en las empresas, si quiero tener una empresa de limpieza no solo voy a tener casas como clientes; aquí aprenderé cómo dirigir personal, viendo a gerentes y jefes como usted y, sobre todo, me relacionaré con gente que quizá me pueda enseñar muchas cosas que me permitan lograr mi plan. Sé que voy a ganar menos, y que me voy a privar de algunas cosas, pero si pudiera inscribirme en una universidad, también debería hacerlo. Señor* —su tono era firme, como sugiriendo que debía sí o sí aceptarla— *para usted es solo un sí, y para mí el comienzo de una nueva vida. Espero que me lo permita.*

Como ya conoce lo que pienso sobre planes de vida vs. deseos y cómo cambia la forma de trabajar de las personas cuando están en consonancia con su plan, sabrá que la seleccioné con gusto. Pero lo más interesante de este relato no es la forma en que ella consiguió su empleo, sino lo que ahora le voy a contar. El primer día de trabajo se acercó a mi oficina con un cesto de papeles y, solicitándome permiso, lo colocó sobre mi escritorio, tiró unos vasos con sobras de café y luego me mostró que había filtrado una gota del cesto. Al preguntarle qué significaba esa demostración, me dijo que había encontrado el porqué de los problemas de cucarachas en la empresa, que no eran los prohibidos almuerzos en la oficina de los empleados, sino el café azucarado que quedaba debajo de los cestos en la alfombra y que eso se solucionaba comprando mejores bolsas de residuos que no perdieran. Contento con su descubrimiento, le dije que iba a llamar al jefe de Compras para indicarle y ella con ese tono entusiasta que la caracterizaba, me respondió: *Ya hablé con el jefe de compras. Simpático, el señor Sebastián, tenemos dos bolsas de distintos proveedores en la terraza llenas de agua para ver cuál filtra y cuál no. Ya está solucionado, solo quería contarle para que esté enterado de mi trabajo.* Fueron varios los aciertos laborales de Claudia y le voy a comentar algunos para que conozca e identifique cómo trabaja alguien que está en consonancia con su plan. En otra oportunidad se acercó a mi oficina con el empleado de seguridad, le pidió que corriera mi escritorio unos centímetros y me dijo: *Observe cómo la alfombra limpia debajo de las patas de su escritorio llama la atención al punto de pensar que lo limpio es sucio. Así le pasó al de la oficina contigua que tuvo que cambiar los muebles de lugar y ahora tiene esas manchas limpias en toda la oficina. Si usted me autoriza, cada semana correremos con el guardia unos centímetros cada mueble así se ensucia parejo, y si alguna vez quiere cambiar los muebles de lugar nadie lo notará.* Con el tiempo, Claudia había logrado que el piso a su cargo fuera el más limpio de la empresa; los demás gerentes querían usar esa sala de reuniones porque era la más prolija y porque Claudia nos atendía como reyes. Era visible la diferencia, al punto de que al bajar por el ascensor desde el octavo piso, cada vez que se abría la puerta en el tercero, la gente sentía hasta un buen aroma. Claro, más adelante me enteré de que cuando Claudia rociaba desodorante de ambientes, tocaba el botón del ascensor para promocionar su trabajo. También recuerdo el día en que vino a pedirme un permiso: *Señor, usted vio que yo termino temprano; ¿me permite ir a ayudar a la del quinto piso? Su marido la dejó, necesita este trabajo y no lo está haciendo como debería. La del primero es buenísima, la del octavo es medio chismosa, la del cuarto es buena pero tiene altibajos, se deprime fácil...* La interrumpí para preguntarle cómo sabía todo eso, y me dijo que había estado recorriendo los pisos para aprender de sus compañeras porque ella no sabía cómo limpiar empresas. Impresionante, pensé, no solo era muy buena, sino que tenía la humildad de aprender de sus mejores compañeras y ayudar a las más débiles: toda una líder. Como ya supondrá usted, al irme de esa empresa, ella ya era la jefa de los ocho pisos, el edificio entero estaba muy limpio y a pesar de los logros que yo había conseguido allí, haber seleccionado una persona como Claudia era el que más recordaba todo el personal.

Ocho años después, chateando con mi amigo Rodolfo, que vive en el extranjero, me comentó que había decidido contratar a Claudia. Le aconsejé que le pusiera una persona que la dirigiera antes que lo absorbiera y lo convirtiera a él mismo en gerente de limpieza, pero me contestó con un baño de realidad: *Me parece que no has entendido, estoy contratando a su empresa de limpieza, es la número uno del país, y Claudia que es su dueña, debe ganar más que nosotros dos juntos. Le paso tu teléfono, porque insiste en hablarte.*

Me quedé esperando su llamada mientras por mi cabeza pasaban todos los momentos que les conté más arriba y llegué a la conclusión de que haber dejado a una limpiadora y encontrarme con una empresaria, no era ninguna sorpresa, sino otra confirmación de que cuando uno se propone algo, realiza un plan y lo lleva adelante con actitud, es natural que lo logre aunque empiece desde muy abajo. En ese momento llamó Claudia. Empezó diciéndome que estaba súper contenta de hablar conmigo, que siempre reconoció que en sus inicios yo la ayudé y que su personal me conocía a través de sus palabras. Con su típico entusiasmo me contó que había visto mi página web y que quería contratarme para que fuera a motivar a su personal y capacitar a sus vendedores. Todo lo que escuchaba me gustaba, pero no quería aprovecharme de su gratitud. Entonces le contesté que le agradecía su reconocimiento, pero que no era necesario que yo fuera a su país, habiendo allí muchísimos expertos que podrían cumplir con sus necesidades sin tener que pagar un avión, alojamiento y costos de conferencia internacional, como debía hacer conmigo. Sin titubear, replicó: *Quiero que sea usted, y por el avión no se preocupe que lo voy a buscar yo con el mío.* Hasta en este momento que escribo este libro me río cuando me acuerdo de mi incapacidad de ver lo que era obvio; Claudia era una ganadora, y me dejó sentado en el sillón de mi escritorio con el teléfono en la mano, sin respuesta.

Días más tarde, estaba entrando en el avión privado de Claudia. No entiendo mucho de aviones, no sé si estaba ante un modelo muy apreciado por los que conocen, pero le garantizo, lector, que el lujo interior lo hubiera envidiado cualquier hotel cinco estrellas donde había estado. Ya en vuelo, le pregunté lo que me tenía intrigado desde que había recibido la noticia de su éxito: *¿Cómo lo lograste?, necesito saber para contarles a mis alumnos y lectores del libro que escribo, cómo se logra el éxito empezando desde abajo.* Ella miró con ojos de nostalgia, como buscando recuerdos, y me contó una historia que me atrapó por horas. Voy a reproducir las partes que más reflejan lo que quiero demostrarle en este libro. Me dijo: *¿Se acuerda de cuando los gerentes contrataban a esos maestros de Harvard para que los capacitaran pagando hasta mil dólares cada uno? ¿Dónde estaba yo?* En seguida me vino la imagen de ella paradita con su bandeja para servirnos café. Siempre nos asistía, gratis, aunque fuera feriado o fuera de hora. Era evidente que había aprovechado cada momento de su trabajo para aprender, aunque sus compañeras le dijeran que era una estúpida por trabajar para esos gerentes en un feriado sin que le pagasen un centavo por hacerlo. Igualmente me quedaba una duda; ella no tenía ni siquiera su primaria terminada y yo con mis estudios superiores, muchas veces no entendía muy bien lo que los disertantes de muy alto nivel intentaban enseñarme. Entonces le pregunté cómo había hecho para entender y utilizarlo.

Respondió: *No entendía nada, los miraba a ustedes para ver si entendían algo porque en aquel momento palabras hoy simples como presupuesto, cash flow, marketing y hasta porcentaje, me sonaban como coreano. Pero ya para el segundo curso me llevé un grabador y aún hoy escucho algunas grabaciones de ese tiempo y saco conclusiones importantísimas para mi trabajo,* es decir, nuevamente me enseñaba que quien tiene un plan trabaja no solo por su presente, sino que piensa en lo que va a necesitar en el futuro. Me contó también que cuando las compañeras le enseñaron cómo robar los productos de limpieza colocándolos en las bolsas de residuos y pasándolos a retirar de ellas una vez afuera de la empresa, ella sacaba su anotador y escribía: *Cuando tenga mi propia empresa, revisar las bolsas de residuos.* Y que esos anotadores, que fueron muchos, hoy son un manual para ella y para sus gerentes.

Impresionado por lo que escuchaba, admirado por lo que aprendía y hasta enojado conmigo por no haber visto en aquel momento lo que hoy veo y aprendo de Claudia, llegó a mi mente una duda, característica del que no quiere reconocer que alguien con menos recursos ha logrado llegar mucho más alto que él mismo, y le dije: *Todo muy lindo, y admiro tu esfuerzo, pero sin dinero fundar una empresa no es fácil y ganabas muy poco, sin posibilidad de ahorro alguna. ¿Cómo conseguiste la inversión inicial?* Con gestos de asombro, contestó: *Eso es lo más sorprendente; ¿se acuerda del presidente de la empresa?* Lo despidieron unos años después de que usted renunció; y el loco, a pesar de que tenía una lista de negocios y posibles socios para invertir su indemnización o pago de despido, me llamó a mí y me propuso iniciar mi sueño de empresa. ¿Se imagina usted a un presidente de una compañía tan importante llevándose a la empleada de limpieza y no a un gerente, para iniciar un negocio que es además una idea de la misma empleada sin estudios siquiera primarios?* Sí que lo imaginaba ahora y lamento no haberlo imaginado en ese momento, porque hoy sería su millonario socio. Lo que aprendí no solo es que por algo quien invirtió en ella era el presidente de una empresa, con mucha más experiencia para detectar sueños con personas capaces de realizarlos, sino que cuando uno tiene un sueño, tiene un plan, tiene la actitud necesaria, y también tiene la capacidad de contarlo a quienes lo rodean, puede encontrar en ellos la oportunidad de lograrlo. Claudia no tuvo suerte, la buscó. Y aunque es posible que ese ex presidente y socio actual haya sido un poco arriesgado, nunca él hubiera invertido ese dinero si Claudia no le hubiese vendido su sueño y proyecto. A pesar de que ella nunca se desempeñó como vendedora, tenía todo lo que tiene un loco por las ventas, y fue ella la que al finalizar su cuento me dijo: *Facundo, uno recibe tres pagos por su trabajo: sueldo, capacitaciones y experiencia para cumplir su plan de éxito. Desgraciadamente, mucha gente solo se concentra en el sueldo, va a las capacitaciones con desgano y no disfruta ni registra la experiencia que adquiere, con lo que le da a su futuro muy pocas oportunidades de éxito.*

El loco por las ventas se habla a sí mismo en positivo

Soy de la idea de que nadie nos reconoce nada en su totalidad; aunque nos feliciten, siempre habrá un *pero*. En mis cursos con frecuencia escucho frases como: *lo que dijiste fue genial en todo aspecto, pero...* Seguramente también habrá quienes me feliciten por este libro y me digan *tu libro está espectacular, pero hay un capítulo que no me gustó tanto.* Siempre encontraremos quien nos critique, quien nos aconseje abandonar nuestro sueño, quien nos diga que debemos cambiar tal o cual cosa. No digo que no tengan razón, de hecho pienso que si hubiera escuchado a muchos de ellos hoy estaría aún mejor. Lo que sí aprendí es que uno debe concentrarse en lo mejor que tiene y hablarse positivamente. He aprendido a amarme; cuando era joven valoraba a los autocríticos y quería ser uno de ellos; hoy, con cuarenta años, siento que es importante escuchar las críticas de los demás, pero más importante es ser positivo uno mismo para poder discernirlas y compararlas con todo lo bueno que tenemos a la hora de decidir qué hacer; y lo bueno que tenemos solo lo encontraremos en nuestras horas de pensamiento positivo.

El loco por las ventas recibe siempre razones de los demás, de su entorno, de su empresa y principalmente de sus clientes para sentir que no vende porque todo está mal. Desde la famosa frase *Nadie tiene dinero* hasta las conocidas *La competencia es mejor, más barata, más importante*, y *¿Llegar a esa meta?, eso es para otros.*

Para aclarar la importancia de hablarse positivamente es suficiente con leer a Viktor E. Frankl, psiquiatra vienés sobreviviente de los campos de concentración de la Segunda Guerra Mundial; en su libro *El hombre en busca de sentido* trata de las peripecias de un grupo de judíos prisioneros en campos de exterminio nazis, liderados por el propio Frankl, que cada día buscaban (y encontraban) motivos para seguir vivos y mantener la esperanza. Frankl continuó investigando sobre las actitudes positivas como medio de supervivencia y acuñó el término "logoterapia", como nombre de un método terapéutico que utiliza como elemento de curación la capacidad que todo individuo tiene para pensar, hablar y hablarse a sí mismo en positivo. La clave es restringir los pensamientos negativos y fomentar la fe en nosotros mismos, buscando en cada momento la respuesta más conveniente a nuestros problemas. No se trata de negar las dificultades, sino de transmitirnos consignas que nos ayuden a superarlas. Por ejemplo, Frankl, a pesar de ver cómo todos los días morían sus compañeros en manos de los nazis y otros preferían suicidarse, se imaginaba ya liberado, dando clases en una universidad acerca de la psicología del prisionero de guerra. Esto le ayudaba a encontrar un sentido a su vida y a las adversas circunstancias que estaba enfrentando, como también le permitió ayudar a otros prisioneros a abandonar la idea del suicidio, con la esperanza de que saldrían de allí con vida y se volverían a encontrar con sus familiares. Frankl consideraba fundamental que sus compañeros de prisión comprendieran la diferencia entre esperar resignados la muerte y abrigar la ilusión de un futuro auspicioso.

Si bien le recomiendo leer el libro porque es generador de cambios en la forma de pensar, si no tiene oportunidad de hacerlo, solo quiero que piense en lo que representa un pensamiento positivo constante en momentos de adversidad. Hablarse positivamente al ir a entrevistas de ventas es una habilidad característica de los locos por las ventas. A continuación verá cómo un pensamiento negativo nos lleva al círculo de la escasez.

1. Adoptamos una actitud negativa

2. Recibimos lo que corresponde a esa actitud

3. Observamos los nuevos resultados y volvemos a emitir opiniones negativas

4. Nuevamente recibimos lo que responde a nuestra actitud

5. Empezamos a *creer* que la suerte no es para nosotros o que lo que vendemos es invendible

6. Vemos las posibilidades de venta según nuestras creencias

7. Observamos con angustia los resultados de venta

8. Hacemos un juicio negativo sobre la suerte

El loco por las ventas no conoce imposibles

Razones, o resultados dice habitualmente Alex Dey[1] en sus disertaciones. El vendedor fracasado se transforma en un

---

1. Alex Dey es el escritor de temas de ventas número uno de América. Autor de varios best sellers y más de 20 obras de capacitación en audio y video. Sus múltiples conferencias públicas y privadas en todo el mundo han capacitado y cambiado la forma de vida y de pensar de millones de vendedores.

autor profesional de creativas excusas y razones por las cuales no logra sus resultados; en cambio el loco por las ventas es un creador profesional de los medios para obtener los resultados que se propone.

Muchas veces, nuestro peor enemigo es nuestra propia mente. Solemos perder antes de jugar el partido a causa de nuestras *creencias limitantes*, que nos llevan a asegurar y confirmar que tal o cual resultado es imposible de obtener. Para ejemplificar el poder del pensamiento en base a resultados y no a razones, le voy a contar otra experiencia de aprendizaje que en mis conferencias suelo llamar *Otro sueño imposible logrado*.

La historia es acerca de una alumna que tuve en mis primeros seminarios de automotivación y que me demostró que en aquel momento aún no conocía lo suficiente sobre el potencial de una persona decidida.

Hace unos dos años aproximadamente, leyendo los correos electrónicos, encontré uno que llamó mi atención. El tema era *Lo logré a pesar de lo que usted pensaba*. El mensaje me recordaba que en uno de mis seminarios, cuando yo había realizado la pregunta habitual para conocer si los asistentes tenían deseos o planes —¿*Cómo te ves dentro de diez años?*—, ella me había contestado *Como piloto de avión*; en medio de las risas de sus compañeros, le sugerí que pensara en un plan B, porque si nos poníamos una meta difícil o imposible, era fácil frustrarse. ¡Cuán equivocado estaba! Por suerte ella no había hecho caso a mis palabras y en cambio las había usado como un desafío más.

En aquel momento, ella me respondió a su vez, con contagiosa energía, que sabía las razones por las cuales parecía imposible, pero que estaba dispuesta a resolverlas para obtener los resultados que buscaba. Empezó a darnos la lista de esos motivos negativos, entre ellos: 1) en todo el mundo hay solo 44 pilotos mujeres contra miles de varones; 2) no tengo dinero para pagar el curso inicial de vuelo ni apoyo de mi familia, porque mis padres han muerto; 3) no tengo dinero siquiera para pagar un curso como este; 4) no conozco otro idioma que el castellano; 5) en mi país son muy pocas las líneas aéreas y las oportunidades se achican más.

Su enumeración no hizo sino confirmarme que su idea era imposible; su mejor amiga me miraba como intentando que yo fuera el que por fin la sacara de su locura. Misión que lamentablemente intenté.

Años después estaba leyendo el correo electrónico y viendo el video adjunto de su vuelo inaugural. Estaba viendo a una piloto de vuelos comerciales, Rosana Vera, una de las más jóvenes del mundo. Su video es conmovedor, lleno de familiares y amigos que la felicitan y trasunta la energía positiva de una persona que se puede considerar ganadora en la vida.

Pero lo más importante de esta historia es aprender de ella y para eso debo contarle cómo lo logró. Primeramente, y tal como hemos visto en este capítulo, trazó un plan para ir resolviendo los motivos negativos de su lista. Recordemos tan solo los dos primeros: 1) en todo el mundo hay solo 44 pilotos mujeres contra miles de varones; 2) no tengo dinero para pagar el curso inicial de vuelo ni apoyo de mi familia, porque mis padres han muerto. No es bueno el panorama ¿verdad? Sin embargo, Rosana pensó como piensan los exitosos y su primera conclusión fue: *Si hay 44 pilotos mujeres, debe haber alguna de ellas que lo logró desde abajo, desde una situación similar a la mía, sin dinero.* Luego agregó: *Solo debo llamar por teléfono a todas ellas, pedirles su correo electrónico y preguntarles cómo lo hicieron.* Inmediatamente llegó a una conclusión feliz, que transformaba la adversidad en oportunidad: *Tengo suerte de no ser hombre, porque en vez de hacer 44 llamadas, debería hacer miles, e invertir mucho dinero en eso para encontrar al que me ayude con su experiencia.*

Así inició su plan y empezó a reunir el dinero para hacer las llamadas. En la siguiente parte de su relato aprendí también que no solo debemos tener un deseo, un plan y la actitud para llevarlo adelante, sino que también es muy importante difundirlo en el entorno para encontrar ayuda de los que nos rodean. Rosana había dejado claro que no quería para su cumpleaños libros que no iba a leer ni ropa que no iba a usar, sino tarjetas de teléfono para larga distancia; también difundió que necesitaba traductores y contó su sueño en varios lugares en Internet, donde obtuvo sorpresas, como personas que le prometían ayuda, solo porque las había emocionado su historia. Después de todas las llamadas logró dar con dos mujeres que decidieron contarle su experiencia y una tercera que no deseaba comunicarse con ella. Rosana, que no conoce de negativas, siguió insistiendo con esta última, mientras aprendía de los consejos de las otras dos y estudiaba idiomas con todos los medios a su alcance. Finalmente, la más renuente la llamó para decirle que en la aerolínea estaban alarmados con su insistencia, debido a su envergadura. Cuando Rosana le afirmó que no sabía nada más que su condición de piloto, la señora aflojó sus defensas: *Además de piloto, ¡soy la esposa del dueño de la aerolínea más importante de Europa!* El final de la historia es que terminó pagándole el pasaje para ir a Europa a hacer los cursos de azafata y de piloto, ya que en la aerolínea de su marido estaban buscando más pilotos mujeres, con actitud ganadora como nuestra soñadora.

Esta historia nos demuestra que los únicos imposibles son los que creemos como imposibles; que toda adversidad puede transformarse en oportunidad; y que si nos concentramos en los medios para obtener los resultados y no en las razones para no lograrlos, el éxito está asegurado. Así piensa y trabaja por los resultados el loco por las ventas.

El loco por las ventas elimina sus creencias limitantes

Empezamos a limitar nuestro éxito cuando limitamos nuestra creencia en la posibilidad de lograrlo. Así como muchos futbolistas pierden sus partidos antes de salir a la cancha, muchos vendedores pierden sus ventas antes de salir a sus entrevistas. El vendedor de la competencia es un enemigo insignificante al lado del adversario —muchas veces, nosotros mismos— que pone en nuestra mente *creencias limitantes.*

A continuación detallaré las cinco leyes del éxito que practican los locos por las ventas.

1. Ley del compromiso

El loco por las ventas es un vendedor comprometido y feliz con lo que hace hasta el punto de no ver el compromiso como una carga, sino como el medio ideal para perfeccionar su persona a través del servicio a los demás. Ve a las ventas como el medio para hacer que muchos obtengan aquello que desean y satisface sus necesidades de la mejor manera posible.

2. Ley de eliminación de creencias limitantes

La mente siempre encontrará formas de dar soporte a las creencias, así que cada vez que se implanta una nueva creencia en el cerebro, poco a poco se comienzan a observar sucesos que le dan apoyo.

El loco por las ventas no cree en frases como *La gente no tiene dinero, Cada vez se vende menos, Decirlo es fácil, pero lograrlo es imposible, Nadie quiere ver a un vendedor, Esas metas son inalcanzables, No se gana dinero trabajando* y otras más que solo afirman el fracaso en la mente de los perdedores.

3. Ley de supresión del miedo

En la venta existen dos miedos: el miedo al "no" y el miedo al dinero.

El loco por las ventas sabe que va a escuchar siempre más veces "no" que "sí", y por lo tanto no le teme a lo que forma parte de su profesión.

Con respecto al dinero, es un miedo que muchos se niegan a reconocer pero es evidente en muchos vendedores. Es muy probable que el vendedor que tiene algún miedo con respecto al dinero, o se siente ansioso al manejarlo, desarrolle conductas de autodefensa que lo lleven a no tenerlo. Esa autodefensa negativa se produce con los pensamientos y frases como *El dinero no hace a la felicidad, Ganar mucho dinero implica mucha responsabilidad, No siempre voy a tener comisiones como las de este mes, Mejor me voy cuidando, Deberían pagarnos más, El dinero no alcanza nunca, Odio pagar cuentas*, que le indican a nuestra mente que es mejor no tener dinero así no hay que tener responsabilidades grandes ni cuentas grandes que pagar y, como vimos antes, si se colocan negaciones en la mente, eso es lo que se obtiene.

4. Ley de las emociones

Si está feliz, está construyendo cosas buenas. Si se siente triste o infeliz, está construyendo cosas malas.

Ya sea su trabajo, su relación de pareja, su actividad deportiva o lo que sea que construya, si lo hace enojado con la vida que tiene, seguro será una construcción negativa que le traerá consecuencias negativas.

Estoy convencido de que la felicidad es una cuestión de elección. Hay personas que toda su vida son infelices a pesar de haber vivido momentos felices. Por ejemplo, actualmente, recuerdo con cariño mis años de adolescencia transcurridos en la escuela secundaria. Sin embargo, en aquella época cada vez que salía rumbo al colegio, sentía que era una etapa no tan feliz; ya soñaba con tener mi casa, mi trabajo, mi sueldo y las libertades del adulto que hoy soy. Nada me agradaría tanto como poder viajar en el tiempo y llegar a mis quince años para decirme: *¡Disfruta!, vive esta etapa como la mejor.* Aunque hoy ya reconozco que en ese tiempo me equivoqué, elegí ser infeliz o no del todo feliz, hace muy poco me di cuenta de que podría estar haciendo lo mismo con mi presente. Imaginémonos, estimado lector, qué estaremos pensando cuando tengamos ochenta años, matando el tiempo sin mucho que hacer, con nuestros hijos que nos dicen *Estás desactualizado* y nuestros nietos que preguntan a sus padres *¿De qué habla el abuelo?* mientras hacen un gesto de que estamos locos. ¿Qué estaremos entonces añorando entonces? Seguramente acertó: estaremos deseando estar donde estamos ahora, con los mismos desafíos, los mismos problemas y el mismo trabajo, implorando que se invente ya esa máquina del tiempo para decirnos *¡Disfruta!, vive esta etapa como la mejor.* La conclusión es que debemos ser felices ahora. El loco por las ventas no espera para ser feliz, es feliz hoy, ama su trabajo, quiere su vida y avanza por ella con emociones positivas.

5. Ley del reconocimiento

Si siente que alguien obtiene algo que no se merece, que el éxito de otro debería ser suyo, que Dios le da pan a los que no tienen dientes o que la vida es injusta con usted al ver a otro disfrutar, entonces está concentrado en el lado negativo de la vida y no puede aprender del éxito.

Si se especializa en ver injusticias, no tiene tiempo para ver la forma justa de obtener lo que quiere. Si emplea su tiempo en encontrar los errores a los demás, pierde la oportunidad de aprender de sus aciertos. Como un ejemplo sencillo, si se dedica a observar todos los errores en el cabello de las personas de su entorno, encontrará que aquel tiene mal el flequillo, que el otro tiene mal su corte de patillas, que aquella persona tiene mal su corte, y así conocerá los errores de todos al cortarse o peinarse. Al ir a la peluquería, cuando el peluquero le pregunte cómo quiere su corte, solo sabrá cómo no lo quiere, solo tendrá miedo de no quedar en ridículo como muchos de sus compañeros y seguramente lo hará igual. En cambio, si se concentra en las cosas positivas del cabello de todos los que lo rodean, aprenderá acerca del mejor corte de patillas, el mejor peinado y el mejor flequillo; y al ir a la peluquería guiará al peluquero para obtener el mejor corte de su vida.

El loco por las ventas sabe que debe admirar al que lo logra, reconocer su labor y aprender de él, porque la llave del éxito está en aprender a hacer mejor las cosas y esa enseñanza proviene de aquellos a los que le reconocemos sus éxitos.

El loco por las ventas conoce cómo automotivarse

Como ya he comentado en el Capítulo 1, las ventas no son una profesión muy reconocida por estas latitudes y en las empresas es muy común, sobre todo en la relación interdepartamental, que el vendedor sea desprestigiado y desvalorizado. Por eso el loco por las ventas no espera que nadie lo motive, sino que emplea técnicas y desarrolla costumbres para automotivarse. A continuación, describo algunas de ellas.

1. Busca siempre el lado bueno

Si el resto del personal llega a la empresa de mal humor un día de lluvia —se han mojado, el tránsito era insoportable y el gobierno sigue sin solucionar los problemas de inundaciones—, el loco por las ventas llega diciendo que le encantan los días de lluvia porque le permiten organizarse mejor, son más frescos, todo está más verde y limpio, y sus clientes valoran más que vaya a verlos con semejante clima, lo que usa a su favor en la venta.

2. Aprecia más la luz que la oscuridad

El loco por las ventas sabe que si se quedara en una oficina a la que el sol no accede ni rebotando en espejos, se de-
primiría. Entonces busca estar en lugares con mucha luz, y
si le es imposible, sale aunque sea a almorzar afuera. Nunca almuerza en su lugar de trabajo, porque sabe que esa salida le brinda una energía y renovación únicas.

3. Se viste en forma alegre

Más de un cuerdo administrativo ha dicho alguna vez que
tal o cual vendedor está loco por la corbata que se pone.
Siempre tienen razón. El loco por las ventas busca vestirse con colores alegres, llamativos, porque sabe que la ropa
negra u oscura no le brinda sonrisas de su entorno.

Pruebe vestirse con ropa oscura y vea cómo lo saluda la
gente. Notará rostros amables, pero no sonrientes. Al siguiente día colóquese algo de color y diríjase de la misma
manera y a la misma gente. Se dará cuenta del cambio en-
seguida, incluso algunas personas se acercarán a hablar con
usted. Vístase con colores claros o corte los oscuros con una
camisa o corbata llamativa.

4. Empieza muy bien el día

Lo que bien comienza, bien termina.

El loco por las ventas inicia la jornada de la manera más
positiva posible. Hace de su desayuno un rato agradable para compartir en familia. Sabe que dormir 15 minutos de
más lo puede llevar a ponerse nervioso después, y hasta a
correr riesgos por apresurarse en la calle.

Oye música alegre, porque le levanta el ánimo; si se encuentra con facturas en la puerta, las patea hacia un costado y sale sin leerlas; lo hará cuando vuelva, y nada habrá
cambiado; no habla de problemas con sus familiares; los

deja para el regreso cuando esté más preparado para afrontarlos; y sobre todo, ocupa su pensamiento con augurios positivos sobre el día que va a enfrentar: *Hoy cierro esa cuenta, cueste lo que me cueste, Hoy voy a ser el primero en vender ese nuevo producto, Hoy llego a mi meta, Hoy le gano este cliente a la competencia,* etc., etc.

5. No ve noticieros

El loco por las ventas sabe que de nada le sirve enterarse de malas noticias antes de enfrentar desafíos importantes de su trabajo. Claro, cualquier cuerdo pensará que un vendedor profesional debe estar informado, y le parecerá *loco* lo contrario. Y tendrá razón, como siempre tienen los cuerdos. Esta manera loca de vivir solo pertenece a los locos por las ventas, que saben que si algo importante sucediera que deban saber para su negocio o su integridad, alguien se los transmitirá; y que enterarse de que un colectivo escolar se estrelló y dos niños murieron, no lo ayuda en absoluto a obtener la motivación que necesita para trabajar por su éxito.

En una de mis conferencias, un alumno, al escuchar lo que expresé en el anterior párrafo, me replicó: *Yo necesito informarme sobre el clima, para saber cómo salir.* Le contesté: *Abra la ventana y observe; es más confiable que el servicio meteorológico que solo acertó un 46% el año pasado.* Vivimos pendientes de noticias que no nos sirven, pronósticos que no ayudan, y cientos de distracciones que traban nuestro camino al éxito.

6. No se deja influir por el clima

Al vendedor fracasado no le agrada salir a vender un día de mucho calor, y cuando hace frío prefiere quedarse adentro porque en las oficinas está abrigado. El loco por las ventas sabe que invierno y verano hay todos los años, y que debe prepararse para ser feliz cada día con lo que hace, aunque el clima no sea el más favorable.

Preocuparse en demasía por el clima influye muchísimo en el pensamiento positivo y la automotivación. Cuando mis vendedores venían de entrevistas, un día de esos que el infierno sube un ratito a la calle, y me preguntaban si sabía qué temperatura hacía en ese momento, siempre les contestaba: *Viene de la calle, debe saberlo más que yo. ¿Hace mucho calor?* y ellos me contestaban: *¡Insoportable! ¿Sabe cuántos grados hace?*, y yo: *Muchos, por lo que me está contando.* Por supuesto ellos no se quedaban contentos e insistían; si les decía que la temperatura era 40 grados, se desplomaban sobre la silla como si enterarse les diera más calor, y exclamaban *¡Con razón!* Con el tiempo aprendí que saber la cantidad de grados puede dar más frío o más calor, entonces prefiero ignorarlo. Recuerde: ser feliz es una elección.

7. Busca sonreír antes de iniciar su trabajo

> *Un día que no sonrías, es un día perdido.*
> Charles Chaplin

Esta es una técnica científicamente probada. Cuando reímos, nuestro cerebro produce unas sustancias llamadas endorfinas que actúan sobre todo el organismo como analgésicos y energizantes. El loco por las ventas compra y baja de Internet CDs de chistes y viaja a su trabajo escuchándolos. En vez de noticias y películas tristes elige ver en la TV todo aquello que lo hace sonreír o sentirse más fuerte.

8. Realiza actividades extracurriculares con desafíos

El loco por las ventas sabe que algunos días volverá a casa habiendo perdido su desafío laboral, pero que puede recuperar su autoestima y valor en alguna actividad externa, ya sea un campeonato de fútbol, una acción solidaria, una actividad vecinal, una competencia de su hobby o cualquier tarea con objetivos a lograr. Puede ser también un estudio universitario, de posgrado o simplemente cursos que le permitan demostrar su capacidad mediante exámenes o prácticas. Sabe que siempre debe tener su revancha, para mantener su autoestima al cien por ciento.

9. Se asocia con gente positiva

El loco por las ventas sabe que ser positivo es contagioso y si habla con personas que se enfocan en las posibilidades, no en las limitaciones, se mantendrá como ellos. Cuando ve una reunión de empleados quejándose, se aleja y cuando ve que los reunidos están divirtiéndose, se une a ellos.

10. Es fiel a su origen ganador

Todos somos ganadores desde que somos engendrados. Todos hemos corrido una enorme carrera de millones de participantes y solo nosotros llegamos al óvulo y peleamos por ser lo que hoy somos. Piénselo bien: el único que puede considerarse segundo en este mundo es un mellizo que nació después de su hermano, aunque aun aquel tiene la ventaja de haber sido concebido primero. El loco por las ventas sabe que estamos en este mundo porque somos ganadores, porque nos ganamos la vida y, por lo tanto, mantiene su confianza de ganador en todo lo que hace.

CAPÍTULO 5

LOS LOCOS POR LAS VENTAS TIENEN MÉTODOS PARA VENDER MÁS

Métodos para preventa, seguimiento y posventa que usan los mejores vendedores

En mi carrera de vendedor mantuve muchas creencias equivocadas; una de ellas era que el resultado exitoso del vendedor era consecuencia solamente de sus habilidades y que no existía posibilidad de ordenar una gestión de ventas. Y como considero que los mejores vendedores son locos, y ya le he mostrado en los anteriores capítulos el porqué, también entiendo que a la locura es imposible ordenarla. Ya era gerente de ventas, cuando un vendedor me mostró todo lo contrario, y me di cuenta de que existe una forma de ordenar a la locura. A continuación, con una divertida anécdota, le explico cómo adquirí ese conocimiento.

Una de las suertes que tuve en mi carrera y que me llevaron a adquirir una experiencia única fue la oportunidad de encargarme de la selección y capacitación de la fuerza de ventas de una compañía de telefonía celular en crecimiento. El desafío era seleccionar a 1.000 vendedores en tandas de 50 por semana. Esto sucedió en una Argentina en la que faltaba trabajo y cada convocatoria juntaba a no menos de 100 candidatos, algunos con más experiencia y currículum que yo mismo. No era fácil entrevistar a 100 personas un lunes y decidir la suerte de los 70 a quienes capacitaría luego de martes a viernes, para después resolver que solo cincuenta continuarán, en base a juegos de roles, evaluaciones y participación en el curso. Y finalmente había que salir a vender con ellos el sábado para corregir los últimos detalles antes de dejarlos en manos del que continuaría dirigiéndolos e informándome sobre su avance.

Con el transcurso de las semanas iba adquiriendo una experiencia enorme. Claro, conocerlos en la entrevista, interactuar en el curso, observarlos en su primer día de venta y luego recibir informes sobre el resultado de su gestión, incluso ver a algunos ascender al cargo de supervisor, me fue mostrando como en una película acelerada el perfil ideal de ventas. En fin, llegó el tiempo en que al entrar un postulante, antes de que se sentara, ya descubría si iba a ser un buen vendedor o, como prefiero llamarlo, un *loco por las ventas.*

Las mejores estrategias para dar con prospectos que se esconden de vendedores

Lo que me enseñó Ricardito

Un día de entrevistas, recibí a uno de esos que jamás seleccionaría. No solo por su posición corporal perdedora al ingresar a la oficina, sino también por su aspecto: pequeño, con cara de no haberle ido bien en su posición social, en la escuela y hasta con un escudo visible del club argentino River Plate (es preciso que le cuente que soy un fanático de Boca Juniors y que, aunque ese escudo del rival no era motivo de selección, sumado a todo el resto, fue la gota que rebalsó el vaso). En fin, el pobre hombre era un candidato a mi frase habitual de *El puesto ya fue cubierto, muchas gracias*, por lo que me propuse hacerle preguntas difíciles y así en la primera respuesta negativa encontrar el motivo para indicarle la puerta de salida.

Una vez que se sentó Ricardito (así se presentó, irritándome aún más), le pregunté sobre su experiencia y me contestó de una forma muy sincera, pero muy suicida al mismo tiempo: *Ninguna, no he trabajado en ventas*. Esa respuesta me dio pie para decirle que buscábamos gente con experiencia, que muchas gracias por haber acudido y que le deseaba suerte en su búsqueda laboral. Ricardito se levantó, caminó tres pasos hacia la puerta, se detuvo, se dio vuelta y me dijo: *Entiendo señor, sé que usted tendrá sus condiciones de selección, y son correctas. Decidirse por una persona sin experiencia es un riesgo, pero también si el que viene tiene experiencia y está buscando trabajo, no debe ser quizá una experiencia favorable, porque entiendo que si tuviera experiencia en ventas no estaría aquí frente a usted.* Mi cara cambió de *pocos amigos* a *pensativo* pero igual le dije*: Es una buena hipótesis, pero no tengo oportunidad de comprobarla. Le recomiendo que se vaya a una empresa más chica y encuentre a alguien que pueda asumir ese tiempo de prueba. Suerte, amigo,* y le volví a dar la mano en señal de despedida. Ricardito, tomó mi mano sin soltarla y me dijo mirándome a los ojos: *Tengo dos razones por las cuales creo que usted debería repensar su decisión, ¿me deja comentárselas?* Me empezó a gustar que no hiciera caso tan fácilmente al *no*, pero no dejaba de tener presente que él no tenía ninguna de las condiciones que yo le atribuía al buen vendedor y que esa insistencia podría ser únicamente la de un pesado, así que le conteste un *sí* frío y distante, sin sentarme ni darle la oportunidad de que él lo hiciera.

Ricardito sonrió y empezó: *Son dos razones, pero una me preocupa a mí y otra supongo que le preocupará a usted. La que me preocupa a mí es esta* (puso sobre el escritorio una foto de él mismo, rodeado por su esposa, cuatro hijos y la que supuse era su madre o suegra): *no puedo volver a mi casa diciendo que no conseguí trabajo, se los prometí al salir. La que pienso que le puede preocupar a usted es quedarse con la duda de que yo pueda ser un buen vendedor. Le garantizo que la tengo también, pero puedo resolverla en otro lugar y usted puede quedarse con la intriga de si hubiera podido yo ser uno de sus éxitos de selección.* Yo seguía frío, distante, no quería ceder, pero tampoco me atrevía a rechazarlo, así que le dije que lo iba a pensar, que viniera al día siguiente al curso y ahí le comunicaría mi decisión. Ricardito se puso contento como un niño, me saludó y comenzó a retirarse sin su foto, y cuando le advertí de su olvido me dijo: *Mañana nos vemos, y la retiro cuando me diga que sí o que no, es nuestro trato.* Dos veces le insistí en que se la llevara, pero como aún debía entrevistar gente y él seguía en su postura, accedí y lo guié hasta la puerta.

Durante gran parte del resto de mis entrevistas, la foto de su familia estuvo en mi escritorio como mirándome y haciéndome sentir culpable. Para el último tramo de las presentaciones de los candidatos ya la había puesto en un cajón. Al finalizar el día, cansado, retiré las cosas de mi cajón y otra vez vi la foto; no sé por qué, pero la guardé junto con mis demás pertenencias en mis bolsillos.

Después de un viaje largo, llegué a mi casa, coloqué mis cosas sobre la mesa y, otra vez, apareció la foto. Al verla mi esposa me preguntó de quién era y qué hacía con ella; después de que le respondí, me miró con una cara solidaria y me dijo: *Algunas veces hay que tomar decisiones que ayuden a la gente, aunque te perjudiquen un poco. Has seleccionado más de 500 vendedores buenos, nadie te va a evaluar por darle una oportunidad a uno que te parece malo.* Mariana es mi socia y mi consejera, pero pensé que esta vez podría estar equivocándose. Yo seguía en mi postura de no seleccionarlo.

A la mañana siguiente llegué temprano a la empresa porque era el primer día del curso y quería supervisar que estuviera todo bien. Mientras estaba estacionando el auto, vi a Ricardito en la puerta. Saludé primero al guardia, quien me comentó que Ricardito estaba esperándome desde hacía rato, y me sugirió que lo seleccionara porque los vendedores de la empresa nunca llegaban temprano. Dios mío, ya había convencido al guardia de que me hablara, no podía ser, pensé; lo saludé fríamente y seguí mi camino. Estaba por ir al salón de clases, cuando Ricardito golpeó la puerta de mi oficina y me dijo que venía a buscar su foto y mi respuesta. Lo miré a los ojos y se notaba en mis gestos que iba a poner alguna excusa para no aceptarlo en el curso, pero él no me dejó hablar y me dijo: *Gracias, señor,* me dio un abrazo fuerte pero rápido, giró y marchó en dirección al curso. Buena técnica, pero no conmigo; lo detuve: *Ricardito, le doy solo la posibilidad de acceder al curso, pero si reprueba el examen de producto* (5 de 10 lo reprobaban) *ya no le puedo dar más oportunidades.*

Durante todo el curso no hizo más que preguntar, con interés, y buscando respuestas que ayudaron a todos. Cuando pasó al juego de roles fue, como esperaba, un desastre, y finalmente, no aprobó el examen de producto. Lo llamé y le mostré el examen, mientras le recordaba nuestro trato. Otra vez dio tres pasos hacia la puerta, se detuvo, volvió a mirarme y me dijo: *Un día, solo déjeme probar un día como vendedor y si me doy cuenta de que no sirvo para esto, no volveré a solicitarle una oportunidad. No nos quedemos con la duda de que quizás yo sea un vendedor exitoso.* Recordé que con uno de los supervisores de la empresa habíamos tenido una pelea por formas diferentes de pensar en lo que respecta a liderazgo, y se me ocurrió que sería muy bueno mandarle a ese pesado un día. Entonces le contesté que sí, mientras recibía otro de sus abrazos.

Empezó otra semana y Ricardito ya estaba en su trabajo. No pasó más de una hora hasta que el supervisor me llamara y me preguntara cómo se me había ocurrido seleccionar al que se hacía llamar *Ricardito,* qué le había visto, cómo podía pensar que *eso* sería un buen vendedor, y qué había tenido en cuenta para aprobarlo. Tenía razón, pero yo estaba enojado con él y esta era mi pequeña venganza, así que le contesté: *Le tengo fe, confíe en mí que creo que puede ayudar a sus metas de ventas, después hablamos* y le corté mientras pensaba: *Me estoy equivocando, ¡qué hice!*

Un mes después, mi mujer me preguntó qué había pasado con el de la foto. No pude contestarle, porque no había recibido aún el informe mensual, y ni siquiera sabía si continuaba en la empresa, así que llamé al supervisor. Tamaña sorpresa me llevé cuando escuché que me decía: *Señor, usted me demostró ser mejor persona que yo, porque me envió al mejor vendedor, cuando estábamos peleados.* Me senté para seguir escuchando el resto: *Ricardito logró el récord de venta en el primer mes de trabajo. Es único, pero usted lo sabe, puesto que le vio algo que yo no hubiera visto nunca.* Ya estaba intrigado por saber qué era eso que se suponía le había visto, sin poder creer que me hubiera equivocado tanto. Me quedé toda la noche y todo el viaje hacia el trabajo pensando qué era lo que hacía de Ricardito un excelente vendedor.

Cuando llegué a la oficina, tomé una decisión difícil; llamé al supervisor, le pedí disculpas por nuestra pelea, lo invité a acercarnos más en nuestra relación mediante un asado en mi casa y le fui sincero con respecto a Ricardito. Le conté que se lo había enviado por venganza. Él meneó la cabeza, sonrió y me dijo que había llamado a nuestro jefe para comentarle que sospechaba eso y que yo podía llegar a perjudicar a la empresa por una pelea. También me pidió disculpas, pero agregó que había llamado nuevamente al jefe para retractarse al comprobar los resultados de Ricardito.

Continuamos hablando sobre las estupideces que uno hace cuando está peleado con otra persona en vez de hablar abiertamente, y al final le formulé la pregunta que usted, lector, también se estará haciendo: *¿Qué es lo que hace* *de Ricardito un excelente vendedor?* y el supervisor me contestó: *Sus métodos, sus métodos son geniales. No es hábil, no conoce el producto, pero es metódico y persigue sus objetivos con perseverancia.* Le pedí ejemplos y me contó primero que Ricardito tenía unas 100 fotos de su familia en su portafolio y que le dejaba una a cada cliente que le decía que lo iba a pensar (me reí al comprobar que yo había sido su primera víctima). Luego me dijo que no conocía lo que significa "no", que siempre respondía a las negativas dando tres pasos hacia la puerta y volviendo al ataque con alguna pregunta (también eso me lo había hecho). Siguió contándome que llegaba siempre temprano y no perdía una sola reunión. Agregó que tenía como hábito aprender algo cada día y que preguntaba mucho a vendedores, compañeros y a él. Yo seguía atentamente la descripción, que coincidía con lo que conocía de Ricardito, pero me preguntaba cómo podía vender sin conocer el producto; se lo dije al supervisor, quien me respondió: *Esa es la parte más divertida. Ricardito no solo no conocía los detalles del producto, sino que tampoco sabía usar un celular. Me di cuenta de eso porque cuando lo llamaba siempre tardaba en atender y finalmente me contestaba otra persona que me pasaba con él. Resulta que como ni sabía atender, le daba a la gente en la calle el celular para que le hiciera el favor de atendérselo. Cuando me di cuenta de eso, ya había pasado una semana y su venta era espectacular, así que como no entendía qué pasaba lo acompañé a una venta con la consigna de que no iba a ayudarlo, que hiciera de cuenta que no estaba allí. En un momento el cliente le preguntó si el equipo tenía blue tooth y yo sabía que él no tenía la menor idea, pero me aguanté callado y vi cómo, con toda naturalidad, le decía "Es un celular de última generación, ¿usted cree que puede tener blu tut?". Y el cliente le contestó: "Sí, tiene, aquí se ve la luz azul".* Ambos nos reímos, y el supervisor expresó lo que yo pensaba: *Si no sabe o si no recibe lo que quiere, tiene un método para solucionarlo. Y lo mejor es que no vende él, sino que hace que los clientes se vendan a sí mismos.*

Ricardito López es hoy dueño de una agencia de venta de celulares, tiene más de 30 vendedores a su cargo, ya se hace llamar *señor Richard*, y viéndolo trabajar aprendí algunos de los métodos que le voy a contar en este capítulo.

Métodos de preventa

No hay nada más fácil que ofrecer a alguien aquello que necesita.

El desafío en ventas es saber quién necesita lo que tenemos para ofrecer; y para eso, el primer paso es *investigar*. La mayoría de los vendedores fracasan en esta parte de la venta. Es muy común ver a vendedores que van a sus entrevistas sin conocer nada del cliente y con la confianza de que allí sabrán cómo actuar según lo que vaya sucediendo.

En la venta, el tiempo es primordial, cada mes se juega una meta y debe ser un objetivo efectivizar el tiempo empleado para cada entrevista. Para el loco por las ventas es importantísimo estar el mayor porcentaje de tiempo de venta con la persona interesada en lo que vende.

Las adivinanzas y la suerte no son los aliados de los locos por las ventas; ellos tienen métodos para llegar con una estrategia diseñada para aprovechar al cien por ciento el primer contacto con el cliente.

Lo que aprendí de Federico sobre la preventa

En el inicio de mi carrera, en una empresa de seguros médicos, todas las mañanas nos reunían a los vendedores para darnos una charla motivadora. En una de esas ocasiones, se sentó a mi lado uno de los nuevos, Federico, con el que pude hablar unos minutos, y descubrí que teníamos algunas cosas en común como para ser amigos. Luego de la charla lo invité a salir a vender juntos, pero él se negó, y se quedó sentado escribiendo en su cuaderno. A la hora de almorzar me acordé de él y llamé a la empresa para preguntar si estaba allí, y la secretaria me dijo que no se había movido de su silla. Fui al edificio, lo invité a almorzar y accedió. Ya en el restaurante, le comenté que este trabajo no se hacía desde la oficina, que había que juntar visitas para lograr ventas, que yo había identificado que el 10 por ciento de los visitados compraban y que no había que perder tiempo. Con gestos similares a los de un padre cuando le habla a su hijo, a pesar de que solo tenía dos años más que yo, me dijo: *No soy nuevo en esto; vine a esta empresa porque me enteré de que se vende bien y pagan bien. Sé lo que hago, no te preocupes por mí.* La verdad es que en ese momento me pareció un poco soberbio y juzgué que estaba equivocado. Durante los siguientes tres días se siguió quedando en la oficina, y cuando yo ya había cerrado 3 o 4 ventas, él permanecía en cero.

Tomamos como hábito almorzar juntos; él comía poco y preguntaba mucho sobre lo que yo ya conocía del producto y cómo venderlo; tanto, que en un momento, como no salía a vender, imaginé que podía ser un espía de la competencia, pero como eso no coincidía con lo que mostraba como persona, seguí dándole información. Después de una semana, ya no pude encontrarlo al mediodía. Supuse que por fin había empezado a salir a vender o quizás ya había desistido y renunciado. Ninguna de las dos opciones me preocupaba mucho, ya que me había caído bien, pero no coincidía con su forma de trabajar; y como ya he comentado, me gusta juntarme y asociarme con la gente positiva y de éxito.

Al finalizar cada mes la empresa hacía un ranking de vendedores y los primeros diez puestos cobraban un plus de comisiones. La lista de "rankeados" se colocaba en una cartelera a la que accedíamos todos para vernos entre los diez o para conocer quiénes eran para aprender de ellos.

Quedé más que sorprendido al ver a Federico en el segundo lugar y mi nombre en el noveno. Estaba seguro de haber hecho las cosas mucho mejor que él, pero evidentemente no era así. Salí a buscarlo y le aseguro que no iba a dejar que evitara almorzar conmigo ese día, casi lo llevé del brazo al lugar donde habíamos compartido el almuerzo la primera semana. Esta vez el que comía poco y preguntaba mucho era yo. Él me contó que lo más importante en la venta es estar con la persona correcta; que mi 10 por ciento de efectividad con 150 reuniones (15 ventas con más de 7 reuniones diarias), él lo había llevado a un 50 por ciento con 50 reuniones (25 ventas con 3 reuniones diarias en solo 3 semanas al mes). Y que lo lograba dedicando una semana a la preventa, haciendo llamadas a la base con preguntas para identificar interés, enviando correo electrónico a contactos para incentivar la venta antes de su visita, conociendo muy bien a quien iba a visitar para optimizar su tiempo y muchas cosas más que le contaré a continuación, junto con las que he ido desarrollando después de que él me enseñara la importancia de la preventa.

Mi opinión es que existen dos tipos de venta: el de los aventureros y el de los planificadores. El loco por las ventas elige planificar.

Primera etapa: preparación para la entrevista con el prospecto

1. Las preguntas

El loco por las ventas realiza un plan de cómo abrir la entrevista. Sabe que el inicio de una entrevista de ventas es un punto crítico. Piensa en la manera de empezar y, especialmente, en la primera pregunta que le realizará al prospecto, y después, en las preguntas que hará luego.

Preguntar es una de las habilidades más importantes del loco por las ventas. Es más probable que venda más aquel que sabe preguntar que aquel que sabe hablar del producto. Una vez un vendedor me invitó a un curso de periodismo en el que iban a enseñar habilidades para detectar preguntas en lo que expresaba el entrevistado; fui con desgano y salí entusiasmadísimo por la habilidad que había adquirido. El vendedor que no tiene sus diez preguntas inteligentes de venta, tiene media venta perdida. El primer trabajo es desarrollar preguntas que lleven al prospecto a pensar en el producto o directamente a comprar. Algunos ejemplos de preguntas inteligentes: *¿Alguna vez contrató un servicio como el nuestro? ¿Cuál fue su experiencia? Si comprara hoy nuestro producto, ¿qué es lo primero que haría con él? ¿Qué es lo que más le gustó de lo que le comenté de nuestro servicio?* y otras que inviten al prospecto a contar sus deseos y opiniones.

A continuación, un ejemplo de cómo maneja un loco por las ventas una entrevista de venta de un vehículo para transportar materiales.

—*¿A qué se dedican ustedes, Sr. Pérez?*
—*A la construcción.*
—*Qué interesante.¿Qué tipo de construcciones?*
—*Básicamente, edificios de oficinas y de departamentos.*
—*En nuestra ciudad, ¿algún edificio conocido?*
—*Sí, el blanco a media cuadra de aquí.*
—*Lo felicito, es muy lindo. ¿Y cómo transportan los materiales?*

El loco por las ventas pregunta como lo hace un periodista. Es decir, hace una pregunta, ve a dónde conduce la respuesta, y hace otra pregunta relevante que ayude a su prospecto a elaborar más sobre el tema y lo ayude a él a obtener mayor información para modelar el producto o servicio a medida de la venta.

Es consciente de que la mejor manera para entrevistar es saber de antemano lo que desea conocer del prospecto y elaborar las mejores preguntas que le puedan proporcionar esa información.

Combina preguntas abiertas y cerradas. Las preguntas abiertas son aquellas que el prospecto contesta con tanto detalle como desee, por ejemplo, *¿Cuáles son sus planes para este bimestre?* En las cerradas, en cambio, se le da la alternativa para que indique su preferencia: *¿Prefiere que nos veamos la próxima vez a las 9, o a las 12?* El primer tipo de preguntas se hace para obtener información amplia del cliente, en tanto que las segundas sirven para obtener un dato preciso.

2. La estrategia

El loco por las ventas establece una estrategia de continuidad. Proyecta cómo iniciar la entrevista, pero también qué desea que ocurra al final. Y de acuerdo con eso, se propone un objetivo sobre qué quiere que el cliente haga. Piensa un objetivo primario y un objetivo de recambio, para el caso de que no consiga el primero.

Dentro de la estrategia también incluye lo que denomino *vacuna contra la competencia,* es decir, conocer en qué es fuerte la competencia para neutralizarla con lo que se dice y con lo que se pregunta. Por ejemplo, si la competencia es fuerte en la cantidad de años de existencia, el loco por las ventas dirá: *Lo mejor que tenemos es que no poseemos historia que nos pese; si usted necesita una solución, somos rápidos, con tecnología moderna y decisiones innovadoras.*

Segunda etapa: conseguir prospectos

1. Consigue candidatos

El loco por las ventas no deja piedra sin mover. No solo recurre a las bases que le proporciona la empresa donde se desempeña, sino que investiga en Internet, asiste a exposiciones y congresos, anota datos visibles en publicidades de empresas que puedan necesitar su producto o servicio, llama sin ninguna vergüenza a todos sus familiares y amigos para que lo ayuden a obtener datos de personas interesadas en lo que vende.

2. Identifica interés en una base de datos

El loco por las ventas realiza una llamada inicial, en la que hace una pregunta sencilla que le dé una idea de si el prospecto puede cumplir con el perfil de *comprador*. Identifica su interés, su poder de decisión y su capacidad de compra, y lo califica para darle prioridad en sus visitas.

3. Consigue datos y prospectos calificados

El loco por las ventas envía un correo electrónico a los contactos de su base de datos con el objetivo de conseguir prospectos calificados. Ejemplo de texto de un mensaje: *Reciba un curso gratis sobre cómo comportarse ante una emergencia y brindar los primeros auxilios a familiares, amigos o compañeros de trabajo. Conteste estas simples preguntas y le reenviaremos un archivo educativo totalmente gratis sobre primeros auxilios en el hogar y la oficina* (este correo electrónico fue enviado a una base con el objetivo de vender un servicio de emergencias médicas. Si el prospecto respondía a las preguntas, no solo brindaba información, sino que mostraba interés y preocupación por las emergencias que pudieran suceder en su hogar u oficina).

Tercera etapa: investigar más

El loco por las ventas tiene habilidades de detective y busca todas las maneras de obtener información sobre el prospecto antes de visitarlo. Una de las herramientas que más le permite conocer a los prospectos es Internet. Si anota el nombre de la persona que va a visitar en un buscador, en algunos casos obtendrá información muy valiosa. Claro que

no todos aparecen en Internet, pero si consigue información de la persona que va a visitar, logrará una ventaja más
para su estrategia.

En el Capítulo 2, le comenté sobre un empresario del
área de informática al que fui a venderle mis servicios de capacitación y del cual conocía su amor por el tenis, además
de que era presidente de un famoso club de ese deporte y
tenía un hijo campeón en su categoría. Lo único que yo sabía se relacionaba con que era dueño de la empresa; la información restante la obtuve poniendo su nombre en un buscador y así vi la página del club del que él era presidente,
dos foros on line de tenis donde él escribía, y menciones sobre los logros de su hijo. Toda esa información no solo me
permitió elegir las palabras autopista para "llegarle" más con
mi mensaje, sino que también me facilitó armar una estrategia de venta en la que incluí hasta la mención de los socios del club de tenis que habían asistido a mis cursos para
que él se sintiera confiado con las referencias. Pruebe colocar mi nombre y verá que soy socio fundador de una peña
del club Boca Juniors, dato que le daría la oportunidad de
venderme mencionando mi afición favorita. También pruebe colocar nombres de clientes suyos actuales e identifica-
rá en algunos casos otra información válida.

Cuarta etapa: preparar el terreno

El loco por las ventas intenta motivar al prospecto antes de
contactarlo. Una de las formas es calentar las llamadas en
frío enviando información previa por correo electrónico.

Un loco por las ventas que conocí en un curso me trans-
mitió que enviaba mensajes a sus prospectos con regalos relacionados con lo que vendía. Desde información de algún
diario on line, hasta cursos o escritos que incentivaran a saber más sobre el tema. Claro, él vendía jubilaciones privadas, entonces le resultaba fácil enviar información sobre có-

mo disfrutar de la vejez y la importancia de llegar a anciano con todo resuelto. Si usted tiene esa oportunidad, no la desperdicie y hágalo; cuando llame al prospecto, él recordará su nombre, y probablemente ya habrá leído gran parte de la información que debe darle.

Métodos para conseguir entrevistas

Primeramente se debe tener en claro que el objetivo es vender la entrevista y no el producto o servicio. El guión de una llamada sería el siguiente.

a. Saludar.
b. Presentar al vendedor y la compañía.
c. Mencionar a la persona que dio la referencia, si es que existe, o explicar cómo se obtuvo el dato.
d. Asegurar que la intención de la llamada es solicitar una entrevista.
e. Hablar en forma concisa de los beneficios del ofrecimiento, que estén en relación con los intereses del interlocutor.
f. Dar opción de fechas para la cita. No dejar que decida el prospecto, es preferible forzarlo a elegir entre dos opciones: *¿Prefiere hoy por la tarde, o mañana por la mañana? ¿A las 14, o a las 15?*
g. Confirmar, después de la respuesta del prospecto, el acuerdo mutuo.
h. Despedirse.

Pero el verdadero problema surge cuando no se tienen referencias ni excusas para llamar al prospecto. A continuación, enumeraré algunos métodos utilizados por los locos por las ventas.

Cómo nombrar referencias sin tenerlas

1. La técnica de la servilleta

Un enfoque creativo y diferente que funcionará en muchos casos es anotar el nombre y teléfono del prospecto en una servilleta (de preferencia, que tenga impreso el nombre de algún restaurante o bar), que podría haber sido utilizada en alguna reunión informal de negocios. Subraye el nombre del prospecto, para mostrar que lo considera importante. Luego, al llamar, dé como motivo que encontró esa servilleta y que no recuerda qué amigo le recomendó su nombre. Si le conceden la entrevista, lleve la servilleta para mostrarla.

2. La técnica del encuestador

Aquí se necesita la ayuda de otra persona, que fingirá ser *encuestador de mercado*. Ya con el nombre, teléfono y datos del prospecto, lo llama, se presenta como encuestador del rubro al que pertenece su empresa, y le pide permiso al candidato para hacerle unas preguntas rápidas por teléfono para una encuesta que está realizando. Luego, procede a preguntarle varias cosas referentes al producto y se despide. Las siguientes veces que llame al prospecto, haga referencia a esa encuesta. Recuerde que si le dan la cita deberá llevar la encuesta y, si es posible, el resultado que arrojó.

3. La técnica del intercambio en un seminario

Dígale que su nombre le fue referido en un *seminario de ventas de alto nivel* al que asistió recientemente. En él, como parte de la estrategia del curso, se pedía que cada participante hablara sobre su producto y el resto le transmitiera si a algunos de sus conocidos les vendría bien tenerlo y disfrutarlo, y así le llegó su nombre.

Continúe diciendo que esa persona estaba muy entusiasmada al darle ese nombre y que a usted le encantaría saber si es verdad que puede llegar a estar tan interesado en el producto.

Métodos para saltear los filtros

1. El loco por las ventas se hace amigo de las secretarias

Él sabe que no es una enemiga cuando se niega a pasarnos con el prospecto o cliente, sino que está cuidando que a nuestro cliente no lo importunen los demás vendedores de la competencia, es por eso que pone a prueba quién merece ser recibido y quién no. Así que le basta con tratarla como una colaboradora suya más, y así será.

2. Aprende los nombres de las personas que actúan de filtro

Tal vez no consiga que le pasen con la persona con la que desea hablar, pero cuando lo vuelve a intentar otro día, como es costumbre de los locos por las ventas, ya que nunca se dan por vencidos, empieza a llamar al filtro por su nombre, con el objetivo de establecer una relación de confianza.

3. Siempre respeta el trabajo de la persona que actúa de filtro

Cuando el loco por las ventas llega a hablar con la persona objetivo de la llamada, jamás dirá que le han impedido llegar hasta él (o hasta ella) criticando el accionar de la persona que actúa como filtro. Y hasta es posible que la elogie en algún aspecto en que haya podido determinar su capacidad.

4. Sabe que pedir ayuda es bueno

Una de las habilidades de los locos por las ventas que los ayudan a conseguir muchas cosas es la de *saber pedir*. Veamos un ejemplo: *Buenos días, soy José T. Vendo, de todosobreventas.com; discúlpeme pero no entendí bien su nombre, ¿Julián? Hola Julián, tenemos una idea muy creativa para aumentar las ventas de la empresa capacitando al personal, pero no puedo contactarme con alguna persona que decida sobre ese tema y pueda escucharlas. ¿Con quién le parece que tendría que hablar, Julián?*

Si Julián brinda el dato, luego hay que volver a llamarlo para agradecerle: *Hola Julián, soy José T. Vendo de nuevo. Me pasó con la persona apropiada, le agradó recibir mi llamada, y ya combinamos un encuentro para seguir conversando. Quería decirle que estoy muy agradecido por su ayuda.*

5. Sabe cómo evadir los filtros inaccesibles

El loco por las ventas conoce varias opciones para llegar al prospecto o cliente evadiendo los filtros. Las dos más usadas son la del horario y la del departamento.

La del horario: cada industria tiene un ritmo diferente. Los altos ejecutivos en compañías manufactureras usualmente llegan temprano a la oficina y pueden estar más disponibles entre las 7 y las 9 de la mañana. Por su lado, los que toman decisiones en muchas compañías llegan tarde en la mañana y se quedan hasta tarde en la noche. El loco por las ventas llama en horarios en los que seguramente el filtro se retiró o no ha llegado, y el prospecto está en la oficina.

La del departamento: en todas las empresas hay departamentos que están más dispuestos a brindar información. El que más habla es el de Ventas. El loco por las ventas llama al departamento como cliente, y encuentra la manera de que el vendedor le allane el camino hacia el prospecto o cliente.

Métodos para utilizar en la entrevista

El loco por las ventas adapta todo su show de venta a lo que escucha y ve del prospecto. Según cada tipo de cliente elige una forma de actuar.

Con el detallista

El que pregunta, respecto de un auto, por ejemplo, si sabe usted el largo del caño de escape.

Cómo actúa

Le agrega detalles que no preguntó, le brinda información diciéndole que son datos exclusivos para *los que saben.*

Con el indeciso

Tiene dudas hasta de por qué le dio la entrevista o atendió su llamada.

Cómo actúa

Este es el único caso en que el loco por las ventas utiliza la presión. Porque solo funciona con gente que toda su vida se maneja por la decisión externa y duda cuando no recibe el consejo y el estímulo para comprar.

Con el escéptico, el que nada cree

Todo lo discute, desaprueba a los vendedores, a la empresa, descree de todo, hasta de lo que él mismo dice.

Cómo actúa

Vende con los argumentos del cliente, porque en cuanto use sus propios argumentos, el escéptico los discutirá.

Por ejemplo:

Loco por las ventas: ¿Qué es lo que más valora de nuestra empresa?
Cliente: Que son importantes y mucha gente conocida les compra.

Loco por las ventas: ¡Justamente! Así es... ¿Y qué es lo que más le gusta de...?

En muchos textos relacionados con esta profesión, se habla del *arte* de las ventas. No hay nada más cierto. Las ventas son un arte modelado por el vendedor a gusto del prospecto. No existe, entonces, una venta enfocada en el producto o servicio; no existe una venta orientada a las necesidades de la empresa que vende, sino que la venta cambia de acuerdo con cada tipo de prospecto y el vendedor es el artista que le da forma y estilo.

Las mejores técnicas para mantener la relación con los clientes

Métodos de seguimiento de ventas

En un congreso de disertantes de ventas al que asistí, me proporcionaron una estadística que confirmó mi idea acerca de la importancia del seguimiento en la venta.

- El 48% de los vendedores abandonan a un prospecto después del primer contacto.
- El 20% de los vendedores abandonan a un prospecto después del segundo contacto.
- El 7% de los vendedores abandonan a un prospecto después del tercer contacto.
- El 5% de los vendedores abandonan a un prospecto después del cuarto contacto.
- El 4% de los vendedores abandonan a un prospecto después del quinto contacto.
- Sin embargo, el 80% de los clientes compran en el sexto contacto.

Es sabido que los perseverantes son los más ganadores en la vida, pero creo que donde es más determinante la posibilidad de éxito o fracaso, es en la tarea del vendedor. En el seguimiento se hace evidente la diferencia entre el vendedor común y el loco por las ventas.

El loco por las ventas no tiene miedo, ni es tímido para realizar el seguimiento

Sabe que obtener una decisión de su prospecto o cliente, ya sea un sí o un no, es una señal de progreso. Si va a obtener un no, también sabe que es mejor que se lo digan hoy, no mañana o pasado o dentro de seis meses.

El loco por las ventas se saca pesos de encima para seguir corriendo hasta la meta

Hay personas que contribuyen a la pérdida de tiempo y paciencia con su aparente interés indefinido y eterno en lo que el vendedor les propone. El principal enemigo del vendedor no es el "no" rotundo, sino el "tal vez" de quienes disfrutan teniendo vendedores esperando en sus recepciones. Por eso el loco por las ventas realiza el seguimiento con un objetivo en mente: obtener una decisión, por sí, o por no. Por ejemplo: *Ana, en los últimos tres meses hemos estado conversando muchas veces acerca de cómo podemos ayudarlos a aumentar la satisfacción y fidelización de sus clientes. Me pregunto, ¿qué posibilidad tenemos de comenzar a implementar nuestro sistema en su empresa a partir de la próxima semana?*

Para el loco por las ventas, tiempo es igual a venta. Si está pactando una nueva llamada, se pregunta: *¿Para qué? ¿Qué necesito que el prospecto se comprometa a hacer como resultado de esta llamada?*

Como valora el tiempo de seguimiento, pide más decisiones o, al menos, que se comprometan a un próximo paso. Es sencillo: o se mueven, o los quita del camino.

A continuación, algunos de los métodos más usados por los locos por las ventas para el seguimiento exitoso.

1. Métodos de pre-seguimiento

El loco por las ventas se prepara para el seguimiento antes de la venta y diseña métodos estratégicos previos para facilitar la tarea de seguimiento de venta.

1.1. La tarjeta personal

La mayoría de las tarjetas de visita están tan pobremente diseñadas que se olvidan rápidamente. Al minuto de entregarse se ponen a un lado, se archivan o se pierden. El loco por las ventas sabe que el objetivo de una tarjeta de visita no es solo dar a conocer su nombre y el de su compañía, sino el de generar nuevos negocios. Transforma la tarjeta en una poderosa herramienta de ventas.

La convierte en mecanismo de respuesta

El loco por las ventas le da a su cliente una poderosa razón para contactarse lo más pronto posible. Por ejemplo, escribe en el dorso de la tarjeta una fecha límite de alguna promoción o el motivo para tomar una decisión sobre sus productos o servicios. Cuando el prospecto encuentre la tarjeta, ya sea cuando está ordenándolas o clasificándolas, verá la inscripción y la recordará.

La transforma en cupón de beneficios

Ofrece una oportunidad atractiva, tal como un descuento exclusivo o un servicio gratuito, a todo aquel que presente la tarjeta. Así, será tan valiosa que el cliente querrá conservarla o dársela a alguien a quien le sirva. Cuando el prospecto la usa para la promoción mencionada, el loco por las ventas tiene la excusa de ir a verlo para entregarle otra con una oferta diferente.

La usa como un medio de información válida

Un loco por las ventas de seguros podría anotar el número al cual llamar en caso de siniestro. Otro podría anotar el número de algo interesante sobre el producto que se haya comentado en la reunión. Si vende publicidad en una revista, la dirección del correo electrónico donde se pueda enviar información de algún lanzamiento para ser publicada en la prensa. El prospecto la conservará en algún lado accesible, por la información que le provee.

La transforma en un folleto con información

Incluye datos sobre servicios o productos que se pueden adquirir llamando a quien se los proveyó.

Muchas veces los prospectos ven nombres de vendedores y nombres de empresas y no logran recordar qué comercializan. Con este método, el prospecto sabrá de qué se trata cuando vea la tarjeta dentro de mucho tiempo.

Busca que la tarjeta se distinga del resto

Incluye una foto del producto o propia. Manda a imprimir tarjetas con formatos y diseños creativos.

Siempre piensa en la venta a medida

El loco por las ventas tiene más de una tarjeta, y la elige según el tipo de cliente. Sabe que un corporativo no necesita la misma imagen e información que un consumidor final.

También, si vende productos que no son compatibles o muy importantes como para destacarlos, posee una tarjeta que le permita segmentar la imagen según el mercado.

1.2. Diseño de excusas para el seguimiento

Si el loco por las ventas no logra cerrar la operación en la primera entrevista, busca generar un *pretexto de servicio* para hacer seguimiento sin resultar pesado.

Excusa 1: *¿Quiere que lo mantenga informado sobre novedades en tecnología relacionada con este equipo? Yo edito un boletín con primicias para los clientes, que envío por correo electrónico una vez por mes.*

Excusa 2: Cada vez que envía una propuesta o presupuesto agrega un beneficio no nombrado en la entrevista y una pregunta. El nuevo beneficio le permite medir la lectura de la propuesta preguntando al contactarlo: *Lo llamo para conocer qué opina del nuevo beneficio que le incluí en la propuesta, ¿lo vio?* Si el cliente contesta que sí, o dice que no, o hace un silencio que permite detectar que no sabe de lo que está hablando, podrá medir si la propuesta fue leída. Si el prospecto no la leyó, le generará curiosidad para que lo haga.

La pregunta es para una segunda oportunidad o cuando el prospecto ya leyó la propuesta. La pregunta se coloca en la posdata o al final del texto del correo electrónico. Es una pregunta que le permite mejorar la propuesta. Por ejemplo: *¿Es usted socio de la Unión Industrial?*, o *¿Puede usted aumentar a 20 los asistentes al curso?* Para después llamar con la siguiente excusa: *Lo llamo porque recibí confirmación de la lectura de mi correo electrónico, pero no he recibido respuesta a la pregunta que le hice para mejorar la propuesta.*

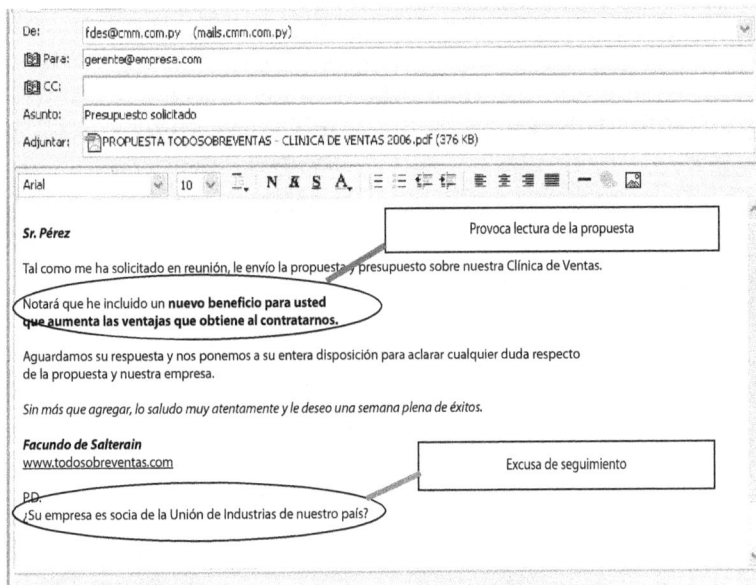

2. Métodos durante el seguimiento

El loco por las ventas elabora preguntas inteligentes para hacer el seguimiento de ventas. Sabe que la llamada de seguimiento es un momento clave en la venta.

El vendedor común no presta atención a estos detalles. Cuando llama por seguimiento realiza preguntas poco profesionales como *¿Vio la propuesta?* a la que el prospecto contestará el 99% de las veces: *La estamos estudiando, llame más tarde*, sin dejar saber si realmente es la verdad. Otra pregunta poco profesional o cuerda es continuar con *¿Qué decidió?* Es obvio que si el vendedor está llamando, no hay aún una decisión tomada.

Cuando digo que el vendedor debe estar un poco demente para ser el mejor, no me engaño. Ya se lo he demostrado en todo el libro, pero en el caso del seguimiento se nota más, porque el vendedor profesional, actúa como si la venta ya fuera de él. Es un poco loco pensar que todas

139

las ventas serán cerradas a favor de uno, pero así es como funciona. Cuando el loco por las ventas llama para hacer seguimiento, da por hecha la venta cerrada, y se limita a mencionar detalles de la entrega o las formas: *Lo llamaba para preguntarle si para usted es importante que hagamos el esfuerzo de entregarle en 24 horas a partir de su decisión, o le viene bien nuestra entrega normal en una semana.* Si el cliente responde, *prefiero en 24 horas*, habilita al loco por las ventas a continuar: *¿Y cuál es la fecha de su pedido? Para organizar la entrega rápida.* En cambio, si responde negativamente *No sé, aún no tenemos tomada nuestra decisión y no estamos apurados,* sabrá qué terreno de seguimiento le toca transitar.

Otro método para cuando uno quiere acelerar la decisión y ganarle a la competencia es el de llamar y decir: *Hola, me tomé el atrevimiento de llamarlo antes del tiempo que usted me indicó para preguntarle si le parece necesario que le combine una entrevista con mi gerente. La idea es que pueda resolver pronto aquellas dudas que tiene sobre nuestro producto o servicio. Además si se reúne con él, se me hace más fácil conseguirle un beneficio extra.* Claro que el beneficio ya está pactado para estos casos de ventas trabadas.

Métodos para resolver un estancamiento

Avanzar aunque no haya decisión

El loco por las ventas no pierde oportunidad de ir acordando detalles menos importantes, posponiendo algunas partes difíciles del acuerdo para renegociarlas más adelante cuando se tenga más información. Por ejemplo, si el prospecto dice que generalmente el servicio o producto que le ofrecen es adquirido cada tres meses, el loco por las ventas acuerda el tiempo y empieza a hablar de detalles de entrega, o formas no trascendentes, pero que hacen creer al prospecto que ya no hay mucha posibilidad de pensar en la competencia porque ya está bastante avanzado el trámite, etc., etc.

Cambiar las figuras

El loco por las ventas tiene como objetivo cerrar la venta, aunque para lograrlo deba dar un paso al costado. A veces es necesario cambiar al vendedor o a un miembro del equipo para reiniciar las negociaciones. Por eso, el loco por las ventas siempre acuerda con vendedores socios, o con su mismo jefe, el pase de la "cuenta tibia" para que se vuelva a "calentar".

Tener una reunión informal

Cuando hace un alto en el camino, una pausa, tiene una reunión informal con la otra parte, por ejemplo durante el almuerzo o en un ambiente más relajado, fuera de la sala de negociación, el loco por las ventas encuentra soluciones novedosas que permiten superar obstáculos.

Llevar la venta a otro nivel

También suele usar la estrategia de solicitar una reunión entre expertos de la empresa a efectos de brindar asesoramiento, e instruye a los suyos para que traten de cerrar la venta desde otro nivel.

Métodos de posventa

Toda vez que se completa el ciclo del desarrollo de una venta se inicia una nueva etapa de relación con el comprador que es determinante para lograr ingresar al *podio del loco por las ventas* y proseguir con aciertos que terminan posicionando en forma diferenciada al producto o servicio, la marca, la empresa y a sus representantes.

La posventa significa dos cosas: la primera, la verificación de la satisfacción del producto o servicio ofrecido y entregado, y la segunda, la posibilidad de estrechar relaciones y de hacer nuevas ventas.

Yo creo firmemente que no existe el crecimiento en ventas si no se logra el crecimiento en relación con los clientes. ¿Cuándo fue la última vez que usted se comunicó personalmente con sus clientes? ¿Cuándo fue la última vez que les hizo sentir que a usted le importan algo más que sus chequeras? Si usted lo hace habitualmente, entonces con lo que leerá a continuación confirmará su importancia y conocerá algunas técnicas para seguir en el camino profesional. En cambio, si no lo hace, debería replantear su gestión. Si no tiene tiempo, trate de encontrar a alguien muy profesional y preparado para que lo haga de su parte.

No se trata de comunicarse para vender o informar sobre el producto o la empresa, sino solamente para decirles que usted los aprecia, o para compartir una idea que a usted le ha parecido valiosa para ellos.

Los 10 poderes

El poder del 3 por 3

El loco por las ventas se reserva 9 minutos diarios para realizar tres llamadas de 3 minutos a sus clientes. Los llama para agradecerles y conversar sobre temas de exclusivo interés para ellos. El objetivo es plantar las semillas que les demuestren que valora la relación, no solo el tamaño de sus bolsillos.

Claro que, para realizar esas tres llamadas diarias y tener de qué hablar, se debe realizar un excelente trabajo previo de modo de contar con información válida. A los clientes se los puede llamar no solo el día de su cumpleaños (de hecho, ellos saben que hay recordatorios automáticos y no les dan mucho valor a esas llamadas), sino también porque, por ejemplo, recordamos que para la entrevista de venta su esposa estaba embarazada, y ya debe de haber nacido el niño, o porque nos enteramos de alguna oportunidad en el mercado que pueda interesar a la empresa del cliente, etc.

Esta técnica se puede poner en práctica también mediante el correo electrónico; aunque siempre es preferible el contacto directo; muchas veces es difícil dar con los clientes y el objetivo es no dejar de llegar a tres de ellos por día, utilizando todos los recursos posibles.

Enviar interesantes correos electrónicos con información sobre el hobby o el pasatiempo de mis clientes es una actividad que me ha brindado muchos frutos. Lo hago especialmente con aquellos que no son muy hábiles cibernautas o a quienes no les agrada, como a mí, pasar horas investigando con buscadores sobre diversos temas. Por ejemplo, tengo un cliente que es fanático de la pesca con mosca y cada vez que me acuerdo de él, busco en Internet información sobre el tema, armo un interesante mensaje y se lo envío. Además me suscribo a revistas on line gratuitas y recibo información que reenvío después de seleccionarla. Lo hago con más de diez clientes que son amantes de deportes o actividades como aeromodelismo, filatelia, montañismo y otros. Todos ellos me agradecen, algunos respondiendo al correo, otros llamándome por teléfono asombrados porque me tomo el tiempo para ayudarlos a obtener información valiosa para ellos.

El poder de la bienvenida

El loco por las ventas envía una carta o un correo electrónico especial de agradecimiento a los nuevos clientes tan pronto como recibe sus primeros pedidos.

El poder del agradecimiento

El loco por las ventas envía cartas o correos electrónicos cada vez que termina un período —semestre, año, o determinada cantidad de años— para agradecer por las compras anteriores. Le dice que ha hecho un análisis de sus éxitos de ventas y que estos han dependido de sus compras y, por lo tanto, se encuentra enormemente agradecido. Muchos vendedores no agradecen porque temen que el cliente utilice ese agradecimiento para obtener más ventajas en futuras compras. La verdad es que es un miedo muy bien fundado, y muy cuerdo, pero el loco por las ventas no se asusta porque sabe cómo manejar esa situación y, en cambio, no sabría qué hacer si el cliente elige a la competencia, donde son más agradecidos con su esfuerzo de compra.

El poder de la alianza

El loco por las ventas le hace sentir a su cliente que tiene en él un aliado dentro de la empresa. Por eso busca ofertas y condiciones exclusivas. Muchos cuerdos de la empresa pelearán con él y hasta le reprocharán que no tenga puesta la camiseta de la firma, pero él sabe que sin satisfacción de los clientes no existe empresa y que a veces hay que dar locas concesiones para mantener locos objetivos de ventas.

El poder de la contención

Para evitar posibles arrepentimientos de clientes que han hecho compras importantes, el loco por las ventas envía un mensaje de seguimiento que les reasegure que han hecho una buena compra y les dé las razones por las que puede tranquilizarse y hasta defender la compra ante ataques de su jefe, pareja, compañeros o socios.

El poder del compromiso

El loco por las ventas hace seguimiento posterior a la venta sin miedo de encontrarse con alguna falla o inconveniente en el producto o servicio. Le pregunta al cliente cómo se siente con lo que le compró. Le pregunta si necesita más información y, si es apropiado, sugiere modos de uso que el cliente tal vez no haya tenido en cuenta.

El poder de las fechas especiales

Todas las empresas que provean a su cliente se acordarán de su cumpleaños y le harán llegar un e-mail, una llamada o algún pequeño presente. Solo el loco por las ventas llama para felicitarlo por el aniversario de ingreso a la empresa, el día de los ingenieros o el día de su santo.

Siempre llamo a mis clientes gerentes en sus aniversarios de ingreso a la empresa; para eso les pregunto la fecha en conversaciones iniciales, con la excusa de saber cuánto hace que están en la compañía. También los llamo para su santo, aunque en los países donde viví no es costumbre saludar por ese motivo. Pero, justamente porque no es habitual hacerlo, el cliente se sorprende y agradece.

El poder de la presencia

El loco por las ventas está presente, en vivo o por teléfono, en cada acción o momento en el que la empresa y su cliente entran en contacto. Sabe que eso lo convierte en un vendedor profesional. Por eso da importancia a los detalles, por ejemplo, la frecuencia de compra para actuar en caso de que el cliente leal rompa el ciclo, y anticiparse para no perderlo. Si le compra todos los meses y un mes no le compra, tiene los mecanismos para que alguien le avise y pueda actuar en consecuencia.

El poder de la reciprocidad

El loco por las ventas sabe que hay que dar para recibir, por eso cuando ve la oportunidad de vender los productos o servicios de sus clientes lo hace, sin ningún compromiso con el cliente más que el de la relación comercial. Por ejemplo, si escucha que alguno de sus clientes está buscando comprar un auto, no duda en comunicarse por celular con su cliente dueño de una concesionaria y ponerlos en contacto. Sabe que su cliente hará lo mismo por él en otra oportunidad y así llega a metas de ventas que los vendedores comunes nunca alcanzan.

El poder de la referencia

El loco por las ventas sabe cómo hacer que sus clientes lo ayuden. Se las ingenia para proporcionar el espacio donde puedan brindar sus testimonios de satisfacción y después utilizar esos testimonios para obtener ventas virales, es decir aquellas provocadas "por contagio" de unos clientes a otros.

A continuación describo un caso en el que un cliente me ayudó con la venta. Me envió un e-mail que no habría existido si el servicio no hubiera sido bueno o no hubiera trabajado como debía en toda mi acción de venta y posventa:

> *Facundo, te escribo porque estuve viendo las ventas de este mes con mi jefe y llegamos a la conclusión de que con la Clínica de Ventas hemos mejorado el servicio a nuestros clientes y aumentado las ventas un 32%. Y quería agradecerte el trabajo realizado.*
>
> *Marcos González / ESBA SAIC.*

Le contesté:

> *Marcos:*
> *Muchas gracias por tu testimonio, la verdad valoro muchísimo el hecho de que no tenías necesidad de hacerlo y si embargo reconociste mi trabajo después de una reunión de números con tu jefe.*

Aunque tus palabras son el mejor combustible para mi motor anímico, quiero pedirte algo más. Estoy tratando de cerrar el mismo servicio con la empresa Compumark y los veo un poco desconfiados acerca de los resultados posibles. Me ayudaría mucho si le enviaras un mensaje donde le cuentes tu experiencia.

Su correo electrónico es cag@compumark.com.py y su nombre es Carlos Guleari.

Mil gracias por lo que puedas hacer para ayudarme y "ayudarlo" a tomar una buena decisión.

Facundo de Salterain.

Como muchas veces me sucedió, no solo envió un e-mail a través del cual me recomendaba, sino que llamó a mi prospecto y lo convenció de transformarse en mi cliente.

El loco por las ventas logra metas locas de ventas como resultado de métodos o acciones que hacen que las compras de clientes se mantengan o aumenten; que aparezcan nuevos compradores por medio de referencias o trabajos de sus fieles clientes; y que se aceleren los tiempos de seguimiento, con mayor cantidad de ventas en menos tiempo.

CAPÍTULO 6

CUANDO LOS LOCOS OYEN "NO", PERCIBEN "SÍ", Y VENDEN

Cómo manejan las respuestas
a las objeciones los vendedores que cierran
el doble de ventas

Desde que trabajo en el área comercial, una de las mentiras más grandes que he leído es la frase: *Técnicas infalibles para cerrar ventas*. Muchos libros prometen en sus tapas lo que en su contenido no he encontrado nunca. Como no quiero que con este le pase lo mismo, estoy dispuesto a contarle la verdad sobre los cierres de venta.

Querido lector, es hora de que lo sepa: **no existe una técnica infalible para cerrar una venta**. Si así fuera, todos podríamos ser vendedores perfectos de nuestros productos y servicios con solo aprenderla. La única verdad es que el éxito en las ventas depende de la habilidad y la disciplina del vendedor profesional. Sin embargo, después de tantos años de experiencia, desde mis inicios a los 15, creo que en este juego, hay cuatro ases que ganan todas las manos.

La ley de los cuatro ases

As de trébol

Si está con la persona correcta, si puede comprarle, si tiene la decisión para hacerlo y si desea lo que vende. Recuerde que puede vender a cualquiera aquello que no necesite, pero nunca puede venderle lo que no desee. Por eso elijo el de trébol para representar esta acción, porque la preventa para dar con el prospecto correcto es tan difícil como encontrar ese trébol en un gran campo de césped.

As de corazón

Si comunica bien, si es convincente al hablar, si logra sintonizar con el prospecto y agradarle. Seguramente entenderá por qué elijo el corazón para representar esta habilidad.

As de diamante

Si brinda una solución. Si su producto o servicio luce como un diamante para el prospecto.

As de picas

Si maneja con calidad las objeciones de los prospectos. El palo de picas en las cartas representa a la punta de lanza, que simboliza esos ataques de los prospectos y nuestra habilidad para sacar el escudo a tiempo.

En síntesis, el cierre de la venta es una conclusión de todo el proceso de venta, solo un desenlace; las técnicas que debemos aprender son para comunicarnos y manejar las objeciones con habilidad y calidad.

Aunque pueda resultar insólito, muchos experimentados vendedores profesionales procuran que se presenten objeciones en sus entrevistas y hasta llegan a generarlas ellos mismos. Sí, leyó bien: los vendedores profesionales hacen que el cliente se coloque a la defensiva para que muestre todas las dudas que tiene sobre el producto o servicio y así puedan rebatirlas todas y vender más rápido. Para ellos la aparición de un *no* o un *no me convence tal o cual cosa* significa que el potencial comprador está concentrado pensando y considerando su propuesta y, dada su habilidad y eficiencia para responder, sabe que luego se incrementarán sus posibilidades de cierre con total satisfacción de sus clientes. Esta lógica tiene su correspondiente sustento, puesto que *quien no formula objeciones no está cuestionando la oferta que tiene frente a sí para satisfacer su necesidad o solucionar su problema de una manera comprometida.*

En cambio, y debido a las pérdidas de oportunidades sufridas en varias ocasiones, los menos experimentados temen infructuosamente que se presenten esos *no* y esos *ataques* al ser conscientes de su falta de habilidad y destreza para responderlos eficientemente. De eso surgen todo tipo de artilugios y recursos que rozan con la mala praxis de la venta. Las más diversas excusas aparecen en el momento de responder a su supervisor o gerente acerca del motivo de cada venta no cerrada.

Cómo responder a cada ataque y, en vez de ganar la discusión, ganar la venta

Permítame mencionarle una estadística muy interesante que no está en ningún libro pero que se comprueba día a día en las ventas de todas las empresas.

En mi carrera comercial he visto que se repiten constantemente estos datos:

– respuestas negativas en el primer contacto, 20%;
– respuestas afirmativas en el primer contacto, 5%;
– respuestas indecisas en el primer contacto, 75%.

Un 20% no compraría jamás, porque se trata de algo que no coincide con sus necesidades o prefiere a la competencia, tira nuestros folletos y hasta se irrita porque les comunicamos la existencia de nuestros productos, o cualquier otra de los miles de razones que lo hacen no atendernos. Estos son los que suelen deprimir a nuestros vendedores y operadores de call center menos experimentados.

Para entenderlo mejor, imagínese a un hincha fanático de Boca Juniors que recibe a un vendedor de asociación al club rival, en este caso River Plate, con una promoción que le brinda 5 años gratis, una foto con todo el plantel del mismo club y salida a la cancha en el súper clásico con la camiseta de ese equipo. Está de más decirle que no importa que el vendedor sea el mejor, ni que la promoción sea tan interesante: ese prospecto siempre dirá que no a esa opción y hasta es capaz de insultar a quien se la ofrece.

Por otro lado, siempre hay un 5% de prospectos que compran el producto sí o sí, casi sin que el vendedor tenga que hablarle sobre él, sencillamente porque coincide totalmente con lo que el prospecto necesita. Estas son las ventas que cierran todos los vendedores; solo tienen que tener la suerte de ir a verlos. Imagine entonces al vendedor de asociaciones a Boca Juniors vendiéndole a un fanático de ese club desde la cuna. Es casi imposible que falle si el prospecto tiene dinero.

El desafío está en conquistar al 75% restante. Obviamente las ventas que salimos a conseguir son las que marcan la diferencia. Los indecisos son los que les hacen ganar campañas a los políticos y dinero a las empresas. Estos posibles clientes son los que los vendedores profesionales salen a buscar, pero para convencerlos de las bondades de sus productos o servicios, deberán conocer a fondo cómo manejar sus objeciones, que serán más duras cuanto más indeciso sea el prospecto.

Ahora, es preciso que le diga que elegí comparar la venta con los ases del póquer, no solamente porque el cierre se asemeja a una mano ganadora de este juego, sino también porque ambos requieren habilidad y suerte, sobre todo habilidad. Basta con ver en la televisión por cable esos torneos de Texas Golden Poker, donde se entregan millones de dólares en premios, a expertos que pierden en cada mesa a pesar de que han dedicado años a la preparación y la práctica. Quedan los más hábiles, los más rápidos, los que menos miedo tienen de perder.

En los Estados Unidos se valora muchísimo esta habilidad para cerrar ventas, por eso las grandes empresas estadounidenses tienen a sus vendedores estratificados en tres categorías: *juniors*, los que comienzan y se encuentran en entrenamiento; *seniors*, los que tienen cierta experiencia y han demostrado efectividad; y finalmente los *closers* o cerradores, los especialistas en hacer cierres. Estos últimos son los que tienen los mayores porcentajes de comisiones, son la elite de la fuerza de ventas, conducen los mejores coches, tienen oficinas privadas y se les asigna secretaria. La única misión de los *cerradores* es hacer que el cliente firme el contrato, luego que ha sido atendido por un *junior* y un *senior*. Los *closers* son los que llevan a la empresa los contratos debidamente firmados o consiguen los cheques por sumas que sobrepasan seis ceros. Si el as de trébol está en manos de los *juniors*, el as de corazón lo tienen los *seniors*, el as de diamantes, la empresa, y el as de picas, los *closers*. Claro, en los países latinoamericanos de baja población de compradores y bajos montos de ventas, disponer de tantas personas para cerrar una venta no es tan rentable, por lo que cada vendedor deberá ir en búsqueda de sus cuatro ases para ganar sus juegos.

Cierres locos de ventas

¿Qué es cerrar una venta?

Es ayudar a otros a tomar decisiones de compra buenas para ellos y que satisfacen sus necesidades, mostrando un argumento sólido que dé respuesta a sus objeciones.

¿Qué es una objeción?

Es un obstáculo al progreso de la venta. El loco por las ventas sabe que no hay venta sin objeciones, porque encuentra en ellas el camino hacia el cierre. Recibe con agrado las objeciones, porque aprendió que son un síntoma de interés y un buen canje por el cierre.

Ninguna tarea con un buen premio carece de obstáculos. Si en la venta aparecen inconvenientes, prepárese para recibir un buen premio si los supera.

El secreto está en superar el miedo al "no"

El loco por las ventas no tiene miedo al "no". Sabe que es parte de su trabajo, que hay un porcentaje inevitable de negaciones en cualquier venta. No todos quieren y desean las mismas cosas, ni de la misma forma. El verdadero peligro no está en los "no" de los clientes, sino en tener miedo a preguntar, miedo a probar suerte, miedo a intentar desarrollar las habilidades, miedo a perder tiempo, miedo al fracaso. El vendedor fracasado se dice no a sí mismo, no espera que se lo diga el cliente. Suele decirse: *No va a comprar; Le va a parecer caro; Le voy a resultar pesado; No va a tener tiempo; No le va a gustar; No va a tener dinero,* todas frases en las que se pierde antes de intentarlo.

Siempre recuerdo el momento en que me di cuenta de que detrás de varios "no" está la oportunidad que uno busca. Creo que de no ser por esa vivencia no hubiera podido dedicarme a esta loca profesión. Durante mi primera experiencia en una discoteca a la que asistí con un amigo ya experto, me di cuenta de la importancia de superar los "no". Ese día, en cuanto entramos a la discoteca, nos separamos en búsqueda de una señorita que quisiera bailar. No fue un buen inicio para mí, porque todas las respuestas que recibía de las candidatas eran negativas. Después de varios intentos y *casi intentos,* porque ya las miraba y me decía a mí mismo *Me va a decir que no,* me acerqué a la barra, pedí algo de tomar y me puse en postura de ganador que no quiere bailar, para que no se notara que en realidad no me querían para bailar. Ya con mi trago en mano, miré hacia la pista y me llevé una gran sorpresa: mi amigo no paraba de danzar con chicas diferentes y la mayoría bellas.

Yo no me considero apuesto, pero les garantizo que mi amigo es feo, por eso estaba muy sorprendido. Me preguntaba qué estaba haciendo para tener éxito. Como no encontré respuesta, cuando se desocupó, lo primero que hice fue llamarlo y preguntarle. Él me señaló dos chicas del otro lado de la pista y me preguntó: *¿Cuál te gusta más?* Interesado en conocer su secreto, le respondí: *La de la derecha es más linda,* y él, asintiendo con la cabeza, me contestó: *Estoy de acuerdo, así que la de la izquierda es tuya, vamos.* Ya desde ese momento me mostró que estaba dispuesto a elegir la mejor de las opciones. Se acercó sin miedo, y tuve que acelerar el paso para quedar a la par. Pero nada diferente sucedió cuando llegamos ante las dos señoritas. Él dijo lo mismo que decía yo, y la respuesta fue también la misma, solo que esta vez en estéreo. Al escuchar otro no, inmediatamente me volví hacia la barra, pero mi amigo se quedó, entonces retrocedí y escuché: *Hace rato que las veo aquí paradas. ¿Para qué vinieron a un lugar donde se baila, si no bailan?* Yo no podía creer que se hubiera atrevido a desafiarlas, y ellas, ya con cara menos amistosas, contestaron: *No te importa qué hacemos. Adiós.* Sin dudarlo, empecé a retirarme, pero mi amigo, que parecía no conocer la palabra "no", siguió: *No se enojen, solo buscamos divertirnos y compartir la diversión con ustedes, ¿vamos? Solo bailemos un tema, este que están pasando ahora.* El entusiasmo de mi amigo se sentía en sus palabras; si yo hubiera sido una de esas chicas, habría accedido; de hecho, una de ellas miró a la otra como diciéndole "aceptemos", pero la otra, la más linda, dijo: *Estamos esperando a mi novio.* Al escuchar eso casi empecé a correr para apartarme, pero otra vez mi amigo eligió intentar. Él seguía fuerte en su decisión, sin preocuparse por el novio ni por otra negativa. Miró a la que parecía querer bailar y le sonrió, luego se dirigió a su compañera y le dijo: *Vamos a bailar cerca de los baños, si tu novio entra, podrás simular que ibas hacia allí. Mientras tanto, podemos divertirnos sanamente, ¿no?*

Ya supondrán lo que sucedió: terminamos ambos bailando con las chicas. Lo que seguramente no imaginarán, como yo tampoco en ese momento vislumbraba, es que mi amigo se casó con la que esperaba a su novio. Probablemente la actitud ganadora y el tono de voz firme influyeron, pero lo que marcó la diferencia fue que mi amigo no se acobardó, porque sabía —y me lo enseñó—, que detrás de muchas negativas se encuentra el premio del "sí", y que no existe éxito sin perseverancia y valor para seguir e intentar creativamente convencer a quien se le está ofreciendo algo. Sin miedos, sin dudas, y quizá dejando la cordura de lado, como un loco.

La verdad y la mentira sobre las técnicas de cierre de ventas

Primordial: interpretar el mensaje oculto

No todas las objeciones son lo que parecen ser. Algunas, famosas negativas, como *No tengo dinero, Lo voy a pensar, No necesito ese producto,* solo significan *Te desafío a que me demuestres lo contrario*, o *Necesito más información para decidir*, o *Tengo miedo de equivocarme*, o, simplemente, *No quiero decirte lo que pienso*.

La habilidad que se debe adquirir para cerrar más ventas es la de interpretar el mensaje oculto o metamensaje. En palabras de Peter Drucker, *Lo más importante en una comunicación es oír lo que no está diciéndose[1]*.

Muchas veces las objeciones que recibe un vendedor son únicamente respuestas automáticas (*Sólo estoy averiguando; No tengo presupuesto asignado; Ya tenemos lo que usted nos ofrece; Visítenos cuando termine esta crisis*) que actúan como mecanismo de defensa ante el virus de la venta.

Son fórmulas similares a las que emplea un padre ante algunos pedidos de sus hijos pequeños. Cuando un niño de 5 años dice: *Papá, papá, quiero helado*, muchas veces la respuesta automática es *Hoy no tengo dinero, otro día*, cualquiera sea el motivo de la negativa. Diez años después ante la misma situación, el padre vuelve a decir *Hoy no tengo dinero, otro día*, y el muchacho de 15 años, contesta: *Viejo, no puede ser que no tengas dinero para un helado, no me mientas*, y el padre no tiene otro remedio que explicarle que si compra el helado llegarán tarde a donde se dirigen, o que puede mancharse la ropa si lo come en la calle, o que esa heladería no es confiable, pero el adolescente ya tendrá argumentos suficientes para rebatir cualesquiera de estas objeciones, por ejemplo: *Dame el dinero y te prometo hacer todo rapidísimo para no llegar tarde*.

Los vendedores que renuncian ante respuestas automáticas de sus prospectos son equivalentes al niño de 5 años, pero los profesionales, los locos por las ventas, saben que deben continuar como si tales respuestas no existieran, para indagar la verdad y resolver el o los inconvenientes que traban la operación. Muchas veces, el cliente está listo para comprar y simplemente siente temor ante la alternativa de tomar una deci-

---

1. En www.druckerinstitute.com.

sión inmediata, y miente. En la mayoría de los casos, si los temores del cliente fueran eliminados, compraría en el acto.

Esencial: percibir las objeciones como un loco por las ventas

Ellos entienden un solo idioma: el idioma de las ventas. En ese idioma el "no" tiene un significado diferente, más parecido a una pregunta. Cuando ellos reciben un *No tengo dinero*, entienden: *¿Existe alguna posibilidad de pagar en cuotas?*, o: *¿Pueden esperarme para el anticipo si firmo ahora?* y responden como si hubieran recibido esa pregunta, sin dudarlo, sin perder el entusiasmo, y de la forma más convincente que su experiencia les dicta.

Por ejemplo, si el prospecto expresa *Es muy caro*, un vendedor común lo percibiría como un ataque, saldría a defender el precio y hablaría mal de la competencia:

Objeción: *Su precio es caro.*
Percepción del vendedor: *El prospecto me ataca.*
Respuesta: *El de la competencia es más barato porque no brinda un buen servicio, además...*
Posición: cliente desafía/vendedor se debilita defendiéndose.
Resultado: se pierde la confianza, el prospecto duda.

Pero el loco por las ventas actúa de la siguiente manera:

Objeción: *Su precio es caro.*
Percepción del loco por las ventas: *Necesita más información.*
Respuesta: *Entiendo que le parezca elevado el precio, pero se justifica porque se trata de un producto de nivel; note la calidad de...*
Posición: cliente necesita/vendedor asesora.
Resultado: mayor control de la situación.

Imprescindible: descubrir la objeción verdadera y actuar

Los locos por las ventas no se quedan con las respuestas automáticas de defensa, ni las mentiras, sino que van en búsqueda de la verdadera razón por la cual el prospecto no toma la decisión de comprar. Pero para eso utilizan técnicas que les permiten indagar e ir al fondo de la cuestión, descubrir la verdad y responder a ella con un argumento convincente.

La técnica del "suponiendo..."

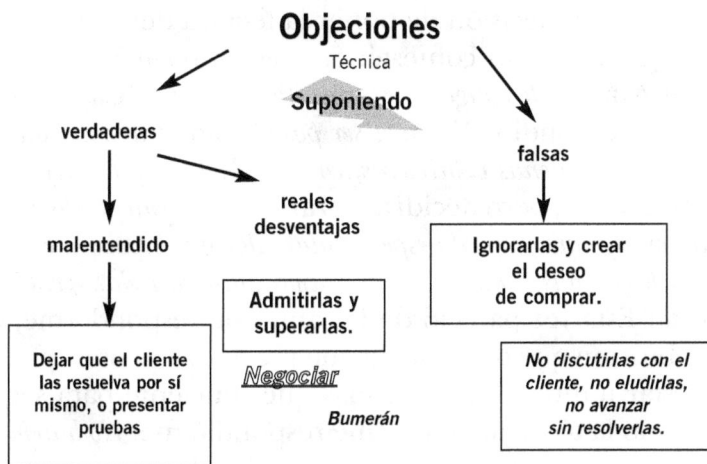

Veamos cómo se pueden manejar las objeciones y dirigir la conversación hacia la verdad. El mejor ejemplo que conseguí para mostrar su utilidad no es sobre ventas, sino sobre una situación familiar que requería habilidades de ventas para ser resuelta. Vea el gráfico siguiente, lea la anécdota y luego le mostraré cómo aplican este recurso los locos por las ventas. Le aseguro que se sorprenderá al ver cómo permite allanar el camino al cierre de ventas.

Técnica del "suponiendo"
Objeciones

Técnica

Suponiendo

verdaderas

falsas

reales
desventajas

malentendido

Admitirlas y
superarlas.

Ignorarlas y crear
el deseo
de comprar.

Dejar que el cliente
las resuelva por sí
mismo, o presentar
pruebas

Negociar

Bumerán

*No discutirlas con el
cliente, no eludirlas,
no avanzar
sin resolverlas.*

159

a. Descubrir la verdad

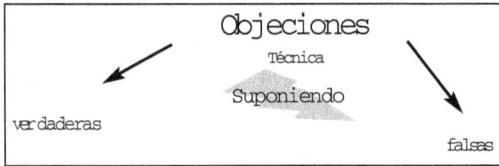

Objeciones

Técnica

Suponiendo

verdaderas

falsas

Justo un día después de que un loco por las ventas me enseñara esta técnica, mi padre volvía de un largo viaje y quise ir a visitarlo, pues lo había extrañado mucho. Le comenté la idea de ir a cenar a mi esposa Mariana y su respuesta fue: *Mejor otro día, no tengo qué ponerme; tus hermanas y la mujer de tu padre siempre están espléndidas, no quiero ir si no puedo estar igual.* La verdad es que la objeción resultaba bastante creíble, porque mi padre estaba pasando por un excelente momento, vivía en una casa de un valor cercano al millón de dólares y su familia parecía producida para una foto de revista, con ropa muy cara, siempre recién estrenada. En cambio, nosotros, en el inicio de mi carrera en ventas, no teníamos ropa recién comprada, sino recién reparada y con unas cincuenta pasadas por lavarropas. Cuando mi esposa vio que me estaba convenciendo, reforzó sus argumentos: *Me siento incómoda al lado de tus hermanas con todas esas cosas lindas que se ponen.* Pero recordé que la primera consigna en la resolución de una objeción es descubrir si es verdad, y tomé la decisión de poner la técnica del suponiendo a trabajar; entonces contesté: *Si vamos a comprar ahora algo hermoso para que te pongas, ¿estarías dispuesta a ir?* Casi sin titubear me respondió: *No va a ser posible encontrar ropa que me quede bien de buenas a primeras, con el sobrepeso que tengo.* Aún sonaba creíble, pero decidí avanzar: *Vamos a intentarlo: si conseguimos algo que te queda espectacular, algo que provoque envidia de mis hermanas, vamos; si no, llamo para cancelar. ¿Estás de acuerdo?* Esta vez pareció dudar antes de responderme, como si buscara qué decirme, lo que me llevó a pensar que podría estar mintiendo, razón más que suficiente para seguir aplicando la técnica. Lo que me respondió fue: *No haremos a tiempo, y no me gusta llegar tarde. Mejor otro día ¿sí?* Aquí utilizó su tono seductor lleno de promesas, evidencia de que deseaba convencerme sin hablar a fondo del tema. Interesado en lograr mi venta de la cena en casa de mi padre, no perdí la oportunidad de contraatacar: *Hagamos así: vamos al shopping y si para las 9 no encontramos nada, yo mismo llamo a mi padre para excusarme y decirle que me siento mal y que no podemos ir; en cambio, si a esa hora estamos listos, vamos a la cena, ¿estás de acuerdo?* Ya entre la espada y la pared, viendo que no iba a renunciar a proponerle opciones, mi esposa decidió decirme la verdad: *Es que... no soporto a tu hermana, es muy engreída y además siento que no le caigo bien.*

No solo sus palabras, sino también el tono y la postura, mostraban que se había rendido, y habíamos llegado a la verdad.

Un ejemplo de aplicación en una venta

Prospecto: *Compraría su producto, pero no tienen verde.*

Loco por las ventas: (no tiene verde, pero "supone" que sí): *Le consigo verde, ¿cuántos quiere?*

Prospecto: *Qué bueno, entonces, encárgueme seis.* (Estaba diciendo la verdad.)

Loco por las ventas (deberá excusarse y trabajar la objeción): *¿Sabe qué? No tengo verde, me equivoqué. Pero dígame, ¿por qué es importante para usted ese color? Si tiene todo verde, el amarillo puede darle un contraste que queda muy vistoso y moderno.*

Prospecto: *Igualmente tampoco me gusta su forma.* (Estaba mintiendo.)

Loco por las ventas (deberá desmentir e indagar la verdad): *Noto que no está conforme y me gustaría saber la verdad. Deme la oportunidad de saber si le expliqué mal o realmente usted no puede o no quiere comprar por alguna razón.*

Prospecto: *Es que ustedes me dan una financiación de solo tres cuotas y en la competencia me dan seis.*

Loco por las ventas: una vez que conoce la razón real, la objeción verdadera, puede actuar para conseguirle un trato especial o convencerlo de que no es muy bueno llenarse de planes de cuotas largos, que es mejor terminar con el compromiso en solo tres meses.

b. Si es en base a un malentendido

verdaderas

↓

malentendido

↓

Dejar que el cliente las resuelva por sí mismo, o presentar pruebas.

Una vez que la verdad es identificada gracias a la técnica del "suponiendo", es necesario descubrir si la objeción se basa en un malentendido o se debe a una real desventaja de la oferta. Un malentendido en el caso de la cena podría haber sido que mi esposa me hubiera dicho: *Siento que no le caigo bien a tu hermana porque la última vez que fuimos se encerró en su habitación y ni siquiera saludó,* y a mí me constara que aquella vez mi hermana tenía jaqueca y había tenido que acostarse. Ante una situación como esa es conveniente dejar que la otra persona lo resuelva sola, jamás hacerle notar que entendió mal y defender la oferta. Si yo hubiera contado lo que sabía de la jaqueca de mi hermana, seguramente mi esposa me habría respondido: *Claro, defendiendo a tu hermana en vez de a mí* y no hubiera logrado mi venta, tan solo una discusión. ¿Cómo debería haber dejado que lo resuelva sola? Simple, le hubiera dicho: *Vamos a casa de mi padre, si mi hermana vuelve a encerrarse en su habitación, le voy a decir lo que se merece y no vamos a ir nunca más, ¿te parece?* Y, como probablemente eso no volvería a suceder, el malentendido se resolvería fácilmente. Pero este no fue el caso, porque existía una real desventaja y, después del siguiente ejemplo voy a explicar cómo la resolví.

Un ejemplo de aplicación en una venta

Prospecto: *Compraría ese nuevo celular, pero no sé si voy a acostumbrarme a usarlo, el que tengo es muy sencillo.*

Loco por las ventas (sabe que es fácil de operar, pero no lo dice porque es su opinión contra la del cliente, entonces lo ayuda a comprender por sí mismo el malentendido): *Entiendo, a varias personas les pasa lo mismo cuando se acostumbran a un modelo. ¿Por qué no prueba guardar un contacto y llamarlo? Yo lo guío, si le parece complicado voy a entender que no lo quiera.*

c. Si es una desventaja real

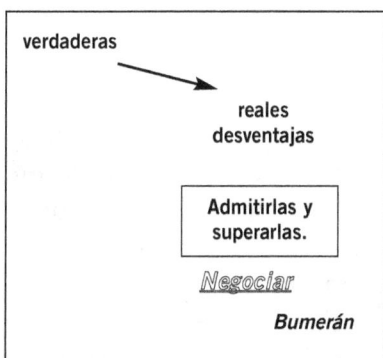

verdaderas

reales
desventajas

Admitirlas y
superarlas.

Negociar

Bumerán

El loco por las ventas conoce las desventajas de su oferta, no las niega, no las defiende sin sentido, las admite y utiliza técnicas para superar la objeción respondiendo con altura y efectividad. Mi desventaja era que mi hermana tenía esas características que mi esposa le atribuía, no era muy defendible y aunque como yo la quería con todas sus virtudes y defectos, no podía pretender que Mariana sintiera lo mismo; entonces podía usar una de las dos técnicas para resolver esta clase de conflicto: el bumerán, o la negociación. La primera, haciendo honor a su nombre, se trata de devolver lo malo como algo bueno, pero como en este caso no es aplicable, elegí negociar. Admití con una sonrisa que lo que decía mi esposa podía ser cierto, pero, atención, no siempre se puede admitir aprobando lo que escuchamos, podemos admitir la real desventaja estando de acuerdo con el otro o podemos admitir que esté sintiendo eso sin estar de acuerdo en el contenido, así que dije: *Entiendo que sientas eso por mi hermana* y fui directo a negociar:

Hagamos un trato. Yo tampoco me llevo de maravillas con tu cuñado y por eso no invitamos a tu hermana a casa; te propongo hacer un asado este domingo, invitarlos a ellos y a cambio ir hoy a cenar con mi padre, ¿estás de acuerdo? Esa noche logré cerrar mi venta gracias a la negociación.

Igualmente no quiero dejar de explicarle mejor cómo funciona la opción del bumerán y para eso le contaré otra anécdota. Como debo de ser una de las personas más despistadas y desordenadas del planeta, suelo olvidarme de compromisos y mis agendas están llenas de datos de mis clientes, pero sigo recurriendo a mi pobre memoria para organizar mis citas y obligaciones. Tanto me perjudica ese hábito, que un día decidí tratarlo con mi psicóloga. Para mi sorpresa, ella me enseñó que no era bueno para mí modificar mucho esa actitud, ya que era muy común que las personas creativas y extravertidas, que se dedican al marketing y a las ventas, fueran distraídas. Me dijo también que es porque tienen su cabeza creando, pensando en opciones de aumento de ventas. Y que en la vereda de enfrente están los ingenieros, que deben mantener su orden de tal manera que si construyen un edificio no se caiga y mate a cientos, por lo que no pueden arriesgarse a perder ni un detalle de lo que hacen. Me siguió contando que es muy común que un vendedor no sepa dónde estacionó su auto, porque está pensando en su cita y hasta que permite que su mente registre el paisaje, quizás ya caminó media cuadra; mientras que el ingeniero al bajar mira el árbol, el cartel y cualquier referencia que le permita ubicarse para volver. Me resultó muy divertido escucharla y aprendí mucho cuando me dijo: *Si modifica mucho esa forma de vida quizás pierda su habilidad creativa, extravertida de la que vive y con la que trabaja.* Eso es un bumerán: si alguien me dice despistado, yo le puedo devolver que gracias a eso soy creativo.

La primera vez que usé esta técnica fue en una de las empresas donde trabajaba como gerente de Marketing y Ven-

164

tas. Allí disfruté de un jefe casi perfecto, que si veía que iba a llegar un minuto tarde llamaba para avisar. Jamás faltaba al trabajo y era tan ordenado que hasta el más impecable y organizado, al trabajar con él, sentía que debía mejorar. Un día llegué a mi oficina, como 10 minutos tarde, miré con vergüenza hacia la oficina vidriada de mi jefe y no estaba. Me asombré por no tener una llamada de él para pedirme que resolviera sus cosas hasta que llegara, ni siquiera recordaba que él me hubiera avisado el día anterior. Sólo podría pasar algo así si había tenido un accidente, así es que me preocupé. Una hora más tarde lo vi subir por la escalera que daba a nuestras oficinas, transpirado y clavando la mirada en mis ojos. Casi gritando, algo insólito en él, dijo que hacía más de una hora que estaba esperándome en una reunión que yo mismo había convocado, que me había llamado a casa y al celular y no me había encontrado, y que jamás se imaginó que yo estaba en la empresa. En ese momento deseé que la tierra me tragara, intenté decirle que mi celular nunca había sonado, pero al mirar la pantalla en búsqueda de las llamadas perdidas, noté que había tomado el de mi esposa; no tenía excusas, me senté, me mostré rendido ante la situación, y me asusté mucho cuando me dijo que estaba cansado de mis distracciones y que me quería ver en su oficina en media hora. El despido era inminente, estaba ante una real desventaja de mi oferta de empleado y la venta se caía a pedazos; ¿cómo haría un loco por las ventas para salir de esta?, me pregunté, y en seguida recordé la técnica del bumerán; me puse a escribir en un papel todos los logros del año en una columna, y en otra, las distracciones que recordaba; me dirigí a su oficina y le conté lo que había dicho mi psicóloga y el gran equipo que conformábamos al coordinar sus características de ordenado y ejecutivo con las mías, de despistado pero creativo. Me miró, sonrió, aceptó la idea y me pidió que no volviera a hablarle del tema hasta que no se hubiera olvidado del incidente. Tres meses después habíamos logra-

do el récord de ventas entre las sucursales; él, gerente de ese logro, me felicitó con entusiasmo. Así funciona el bumerán, lo peor que tiene puede ser lo mejor si encuentra para qué es útil.

Un ejemplo de aplicación del bumerán en una venta

Prospecto: *Compraría su producto, pero tardan mucho en entregar.*

Loco por las ventas (no puede entregar en una fecha mejor, así que debe convencerlo): *Por lo que usted me comentó, deduzco que está acostumbrado a recibir su pedido a las 48 horas de haberlo solicitado, y nosotros podemos entregarle a las 96 horas. También me dijo que esos dos días le significarían a su empresa entregar dos días más tarde. Pero déjeme explicarle que esa diferencia con la competencia es lo mejor que tenemos: esos dos días de más son los que nos hicieron ganar los más grandes clientes.*

Prospecto: *¿Cómo puede ser que a alguna empresa le agrade recibir más tarde su pedido?*

Loco por las ventas (con un entusiasmo y orgullo visibles en cada gesto y en su tono de voz): *Estoy orgulloso porque esos son los días que nos tomamos para hacer el control de calidad de nuestros productos y ver que sea exactamente como pidió el cliente. Tenemos muchos clientes, y todos ellos saben que entregamos más tarde y sin embargo siguen con nosotros. Usted puede comprobarlo; es, justamente, por esos dos días de diferencia que marcan una enorme distancia de calidad con la competencia* (transformó la peor desventaja en la mejor ventaja).

d. Si el prospecto nunca dice la verdad

Muchas veces el prospecto no quiere contarnos la razón por la que decide no comprar y sigue con su repertorio de objeciones falsas. Retomando el ejemplo de la cena con mi padre, hay que reconocer que mi esposa aceptó

166

decirme la verdadera razón por la que no quería ir. Si en cambio ella hubiera optado por seguir esgrimiendo falsos argumentos, yo seguramente habría tenido que responder con algo que despertara su deseo de ir. De eso se trata esta técnica, de elegir un momento en el que hay que ignorar las mentiras y buscar algún argumento que despierte deseos. Mi esposa es curiosa y su deseo de enterarse de algo puede más que cualquier otra aspiración, por lo tanto, mi respuesta podría haber sido: *¿No estás intrigada por saber qué trajeron de lindo de su viaje?* Como sostiene Alex Dey, *Puedes convencerlos de que compren lo que no necesitan, pero jamás podrás convencerlos de que compren aquello que no desean.*

Un ejemplo de aplicación en una venta

Prospecto: Esgrime objeciones falsas porque no desea comprar un teléfono celular.

Loco por las ventas: *Entiendo, entiendo, dejemos el teléfono un rato de lado y solo por curiosidad, ¿ese auto tuneado* (señala con el teléfono) *es suyo?*

Prospecto: *Sí, es mi orgullo, me costó mucho llegar a dejarlo así pero ahí está, ¿le gusta?*

Loco por las ventas (con entusiasmo): *¿Si me gusta? ¡Me encanta! ¿Puedo verlo?* (el prospecto le muestra todo el auto, ambos se sientan en su interior). *De hombre a hombre, dígame, ¿se consiguen muchas citas con este auto, verdad?*

Prospecto (mira al loco por las ventas con una mirada cómplice y ríe): *Sí, varias.*

Loco por las ventas (con tono sugestivo): *¿Y no le parece que este modelo de celular coincide con el tipo de auto que tiene? Cuando anote el número de alguna chica dentro de este coche, le garantizo que puede sorprenderla mucho más si le muestra un teléfono celular de última generación, que, dicho sea de paso, también puede tunear, porque viene con carcasas recambiables, y hay una que hasta tiene el color de su coche.*

Prospecto: *¡Mmmm! ¿Y cuánto cuesta?*

Loco por las ventas: *Mucho menos de lo que piensa; este modelo es tan lindo que todo el mundo supone que es caro, pero como está en oferta...*

(El loco por las ventas logró despertar el deseo de compra).

Los locos por las ventas nunca contestan "sí"

Generalmente, cuando el prospecto piensa en una objeción o en un motivo para no realizar la compra, lanza una pregunta. También pregunta cuando tiene una duda muy fuerte y esgrime un cuestionamiento que muchas veces deja al vendedor dando vueltas sobre sí mismo, como si le hubiera pasado un tornado por encima.

Sin embargo esas preguntas incisivas, esos cuestionamientos de difícil respuesta, muchas veces son canjeables por el cierre de ventas y esto es lo que el loco por las ventas conoce a la perfección. Sabe que decir solo un "sí" lo deja sin saber si esa respuesta afirmativa es suficiente para el prospecto, sin saber si el prospecto decide la compra gracias a esa respuesta, por lo que decide ir por más. Veamos cómo.

El loco por las ventas nunca, jamás, contesta "sí", sino que devuelve la pregunta en forma de precierre. Observe los siguientes siete ejemplos.

Ejemplo 1

Prospecto: *¿Tiene aire split?*

Respuesta habitual de un vendedor común: *Sí, claro, tenemos este y este.*

Respuesta de un loco por las ventas: *¿Para su casa? ¿O para su oficina?*

Prospecto: *Para el cuarto de mi hija.*

Respuesta precierre de un loco por las ventas: *Entonces, vea este modelo silencioso para que su hija duerma bien y con humidificador para que sus vías respiratorias estén sanas...*

Conclusión: se logra descubrir el motivo de compra para apelar a un argumento sentimental que cautive al prospecto. Contestando solo "sí" y mostrando el producto, el vendedor se pierde la oportunidad de presentar el producto a medida de las necesidades del prospecto.

Ejemplo 2

Prospecto: *¿Realizan control de calidad?*

Respuesta habitual de un vendedor común: *Sí, claro.*

Respuesta de un loco por las ventas: *¿Por qué pregunta? ¿Tuvo algún inconveniente con otro proveedor?*

Prospecto: *Sí, y me ocasionó un perjuicio...*

Respuesta precierre de un loco por las ventas: *Entonces, con lo que le voy a contar sobre nuestro estricto control de calidad, nuestra certificación y nuestra verificación durante la entrega, creo que usted va a firmar esta solicitud hoy.*

Conclusión: se logra descubrir cuál es su mayor inquietud y modelar la presentación de ventas de acuerdo con ello, sin dejar de canjearla por la firma de la solicitud, como diciendo *Si este es su problema y yo tengo la solución, solo resta que firme.*

Ejemplo 3

Prospecto: *¿Qué plazo de entrega tiene este auto?*

Respuesta habitual de un vendedor común: *24 horas.*

Respuesta de un loco por las ventas: *¿Qué plazo prefiere usted?*

Prospecto: *Lo antes posible.*

Respuesta precierre de un loco por las ventas: *Perfecto, si firma los papeles ahora, verificamos su capacidad de crédito por la tarde y mañana mismo ya lo estará disfrutando...*

Conclusión: se logra que el prospecto firme inmediatamente debido a que él puso el apuro. Sin mentirle, porque el trámite siempre tarda 24 horas, se le da a entender que se va a hacer rápido solo porque el prospecto lo solicitó así. Es como decir *Si usted quiere recibir rápido deberá firmar rápido.*

Ejemplo 4

Prospecto: *¿Qué plazo de entrega tiene esta maquinaria?*
Respuesta habitual de un vendedor común: *Lo normal es en una semana.*
Respuesta de un loco por las ventas: *¿Lo necesita en una semana o puede esperar quince días?*
Prospecto: *¡En una semana!*
Respuesta precierre de un loco por las ventas: *Perfecto, vamos a hacer el esfuerzo, pero necesito que me firme su solicitud ya, así en siete días le entregamos. ¿En cuál de sus dos domicilios prefiere?*
Conclusión: cuando el vendedor común dice: *Lo normal es en una semana,* corre el riesgo de meterse en aprietos si al prospecto no le gusta y exige menos días. En cambio, el loco por las ventas logra colocar una condición como beneficio (los siete días son la mejor opción), motiva la firma de la solicitud y orienta la conversación a elegir el domicilio de entrega.

Ejemplo 5

Prospecto: *¿Si compro cinco, me hacen descuento?*
Respuesta habitual de un vendedor común: *Sí, por supuesto, le puedo hacer un 15 por ciento de descuento.*
Respuesta de un loco por las ventas: *¿Me va a dar el cheque del pago inicial ahora?*
Prospecto: *Sí.*

Respuesta precierre de un loco por las ventas: *Tratándose de una compra inmediata, le puedo hacer hasta un 15 por ciento.*

Conclusión: a diferencia del vendedor común que se arriesga a una discusión del descuento proporcionado y a que el prospecto se vaya con la información del descuento a averiguar a la competencia, el loco por las ventas presenta el descuento como un beneficio de la compra inmediata y motiva a firmar para obtenerlo. Es como decir: *El mío es un buen descuento, pero si la suya es una rápida firma.*

Ejemplo 6

Prospecto: *Me gusta este jean, pero no me agrada mucho que sea celeste. ¿Tienen en azul?*

Respuesta habitual de un vendedor común: *Sí, tenemos.*

Respuesta de un loco por las ventas: *Le reservo uno azul en este mismo talle. ¿Desea llevar algo más?*

Conclusión: el loco por las ventas da por hecho que si cumple con lo que el prospecto quiere, este comprará. De esa forma vende muchas prendas y solo cuando el prospecto está seguro de no comprar o inseguro de cómo le va a quedar, en vez de comprar en el momento dirá lo suyo, pero ya estará en manos del prospecto explicar por qué, y en manos del loco por las ventas, levantar esa objeción.

Ejemplo 7

Prospecto: *¿Aceptan tarjeta de crédito?*

Respuesta habitual de un vendedor común: *Sí.*

Respuesta de un loco por las ventas: *¿Cuántos pagos prefiere?*

Prospecto: *En tres cuotas, por favor.*

Respuesta precierre de un loco por las ventas: *Perfecto, ya mismo le preparo el pago, sería en tres cuotas de... ¿quiere ver algo más y comprarlo en 6 cuotas del mismo monto?*

Conclusión: el loco por las ventas genera la oportunidad de duplicar la compra.

En síntesis, entre las metas más importantes en la entrevista de un vendedor, están las de establecer un diálogo con el prospecto, conocer sus necesidades y presentar el producto a medida de esas necesidades. Responder solamente "sí" no ayuda a cumplir esas metas, se lo aseguro. Prepare sus respuestas, acostúmbrese a preguntar, de la misma manera que lo hace un entrevistador de televisión. Los locos por las ventas suelen mirar esas entrevistas en televisión para aprender cómo hacen los grandes periodistas para obtener información de sus entrevistados, sin que estos se enojen por hacerlo; una habilidad muy necesaria en ventas.

"Ley de la masificación": la mejor para resolver objeciones duras

En varias oportunidades los vendedores se encuentran ante prospectos a quienes parecería agradarles el producto pero, ya sea por un malentendido, falta de información, inseguridad o algún otro obstáculo, prefieren decir que no se ajusta a su realidad, capacidad o posibilidades económicas.

Los locos por las ventas le encuentran solución utilizando la "Ley de la masificación", que consiste en transmitirle al prospecto que muchos pensaban como él y ahora disfrutan por haber superado ese obstáculo; es como invitarlo a animarse a romper con sus propias creencias para ganar.

Antes de mostrarle un ejemplo me gustaría contarle lo que aprendí sobre cómo actúa la sensación de pasividad en las personas, y para ello voy a narrarle una vivencia personal.

Siempre me gustó ir a ver partidos de fútbol a estadios; soy seguidor de Boca Juniors en la Argentina, de Cruz Azul en México y de Sportivo Luqueño en Paraguay; pero solo una vez asistí con un amigo que me filmó con su celular, sorprendido por ver mi forma de actuar en ese ámbito, totalmente diferente de como me comporto en el resto de los lugares que frecuento. Lo que sucede es que difícilmente me pelee, escasas veces levanto la voz y menos a desconocidos; pero durante el partido grito y vocifero cosas que me da vergüenza repetir. De hecho, cuando vi el video me costó creer que se trataba de mí.

Me preguntaba qué me transformaba en otra persona, con otras creencias. Por suerte, mi amigo no me había filmado solo para criticarme, sino que lo hizo justamente para enseñarme y resolver esta inquietud. Sentados ya en un bar, me explicó que yo encontraba en la masa que me apoyaba la fuerza para gritar y comportarme así; me mostró cómo a medida que iba siendo creativo con lo que decía, había gente que repetía lo mismo y hasta bajaba algunas hileras de sillas para ponerse a mi lado. Coincidentemente con el acercamiento de gente, mis gritos aumentaban en volumen y cantidad. También me hizo notar que en los restaurantes donde se ven autos estacionados o locales llenos de clientes, dan ganas de entrar porque se siente que si muchos piensan así, uno debería pensar igual. Finalmente me preguntó qué sucedería si al gritarle al árbitro nadie me acompañara, y todos me miraran extrañados, y él mismo respondió que seguramente me quedaría sentado y en silencio.

Los locos por las ventas tienen la habilidad de generar masa, de mostrar que muchos creen como él quiere que crean.

Ejemplo de aplicación de la "Ley de la masificación"

Prospecto: *Yo creo que no voy a poder tener el orden necesario y las ganas para seguir un plan de ejercicios, creo que no debo comprar este equipo de gimnasia.*

Respuesta habitual de un vendedor común: *Yo le recomiendo que sí, haga un esfuerzo.*

Respuesta de un loco por las ventas: *Muchos clientes opinaban lo mismo y después descubrieron que no tenían motivos para sentirse así. Hoy están felices por haber tomado la decisión. Fíjese, esta es la lista de mis clientes; este señor tenía su misma inquietud y ahora no solo bajó de peso sino que ha logrado mejorar la calidad de vida de toda su familia con nuestros equipos.*

Conclusión: el loco por las ventas masifica su respuesta para que el prospecto sienta que toma la misma decisión que muchas otras personas que opinaban como él. Es como si preguntara: *Si a ellos les fue bien, ¿por qué no le iría bien a usted?*

Cierres locos de ventas

Se ha escrito mucho sobre cierres de ventas. Existen más de 65 clases y, como no es mi deseo transmitirle lo que ya conoce, he seleccionado los 10 más efectivos desde mi punto de vista. La mayoría los he aprendido del mágico Alex Dey, y se los detallaré a continuación, con la forma en que lo aplican los locos por las ventas. Recuerde: vender ya no es un trabajo, es una profesión y, como tal, debe contar con la alimentación constante, el perfeccionamiento continuo y el aporte de su experiencia. No use estas técnicas hasta no pasarlas por su filtro profesional.

Cierre por equivocación

Consiste en formular una pregunta equivocada y, si el cliente corrige, muestra su interés.

Loco por las ventas: *Entonces, le entrego el martes 28, ¿verdad?*

Prospecto, respuesta 1: *No, prefiero el miércoles 29.* (El cliente ya cerró e indicó el día.)

Respuesta precierre de un loco por las ventas: *Perfecto, ya mismo le preparo el pedido para el miércoles 29; firme aquí, por favor.*

174

Prospecto, respuesta 2: *No, aún no quiero comprar.* (El cliente indicó que no está interesado, comienza la acción.)

Respuesta de un loco por las ventas: *Mil disculpas, es que lo veía muy entusiasmado por lo que le contaba. ¿Qué es lo que no le convence?*

Conclusión: con la pregunta equivocada, el loco por las ventas averigua el interés del cliente y cierra o se prepara para contestar la objeción más importante.

Cierre del fallo propio

Consiste en apelar al sentimiento de lástima del prospecto. No siempre funciona, pero cuando es aceptado, se cierran muchas ventas. Yo he cerrado muchas con esta técnica.

Prospecto: *Lo voy a pensar.*

Loco por las ventas: *Entiendo* (junta sus folletos como si se fuera a ir, pero vuelve al ataque). *Nada más para mi información y crecimiento como vendedor ¿qué lo lleva a pensar y retrasar la compra?* (Fíjese que al hablar de retrasar la compra, traslada el "no" a una objeción de tiempo, y sigue con las preguntas). *¿Es sobre nuestra empresa? ¿No le convence el equipo? ¿Es la inversión inicial? ¿Es el costo total? Dígame: ¿soy yo? ¿No pude explicarle bien?*

Conclusión: esta última pregunta, realizada con cara o tono de culpa, apelando a la lástima del prospecto, es la que hace que muchos de ellos digan la verdadera objeción. Y cuando el loco por las ventas conoce la objeción verdadera, ya sabe como sigue el show.

Cierre del "ya es suyo"

Consiste en responder a las exigencias del cliente con un cierre de venta.

Prospecto: *Quiero que, sí o sí, el celular se pueda conectar a un Infocus.*

Loco por las ventas: *¡Perfecto! Este celular tiene esa característica. Hagamos entonces los papeles.*

Conclusión: cuando el cliente pide algo y el loco por las ventas lo tiene, le responde con la exigencia de firmar la solicitud para cerrar la venta.

Cierre del pasado pisado

Consiste en minimizar errores del pasado y al darlos por solucionados, cerrar la operación.

Prospecto: *En 2004 les compré y no me atendieron muy bien en soporte.*

Loco por las ventas: *Hemos aprendido mucho y hemos crecido. Ustedes los clientes nos enseñaron mucho a lograr la calidad de servicio que tenemos hoy. Mire los testimonios mientras empiezo a hacerle los papeles.*

Conclusión: el pasado queda en el olvido, presenta pruebas que lo confirman y cierra la venta. Si el prospecto pone una objeción, otra vez comienza el show.

Cierre del cambio de roles

Cuando el prospecto calla y no expresa nada que permita continuar con la venta, se lo transforma en vendedor.

Prospecto: Silencio. Mira como esperando, y no hay más que decir.

Loco por las ventas: *¿Puedo preguntarle cuáles son las ventajas que más lo motivaron?* O: *¿Qué es lo que más le gusta de...?*

Prospecto: *Me gustó mucho que pudieran reconocerme la antigüedad como usuario del servicio.*

Loco por las ventas: *Seguro que es así, señor; aquí en la solicitud lo aclaré y firmé personalmente; aquí es donde debe firmar usted...*

Conclusión: el loco por las ventas lo hace hablar sobre las bondades del producto o servicio que más le interesaron y al escucharlas, las confirma en la solicitud, para cerrar la venta.

Cierre del resumen

Hay veces en las que se ha hecho todo el trabajo de ventas, la charla fue sensacional, se han utilizado todas las técnicas de convencimiento y comunicación, pero aun así parecería que no se puede terminar la entrevista con un cierre y no se encuentra la manera oportuna de motivarlo. Para estos casos es muy buena esta técnica que consiste en resumir todo lo acontecido para resaltar las mejores partes y terminar con la inducción a la compra mediante una elección.

Loco por las ventas: *Hemos acordado que... Estamos de acuerdo en que... Ya hemos hablado de... Usted ha coincidido conmigo en... Entonces... ¿Prefiere el modelo A, o el modelo B?*

Conclusión: el loco por las ventas resume lo más importante de la entrevista para inducir a un cierre por elección de dos opciones; por supuesto, dos opciones de compra.

Cierre por equivocación

La convicción es una de las cualidades de los locos. Esta es otra de las razones por las que considero a los mejores vendedores unos locos por las ventas. Ellos, a pesar de que escuchan negativas, objeciones, desventajas reales de sus productos o servicios y hasta argumentos fuertes para no comprar, siguen convencidos de que ese prospecto va a cerrar la operación y responden y trabajan como si la venta fuera un hecho.

Prospecto: *Es muy caro, está lejos de nuestro presupuesto.*

Loco por las ventas: *Entiendo que a veces el presupuesto es una limitante, y que en este caso el precio del producto puede ser más alto que lo que usted esperaba, pero le aseguro que la calidad también va a superar muy positivamente lo que esperaba y justifica que usted haga una excepción, créame. Firme acá, esta es una decisión que disfrutará haber tomado. Mi mejor cliente pasó por esto mismo, ajustó el presupuesto y hoy no nos cambiaría por nada... Firme aquí.*

Prospecto: *Igualmente me parece que está lejos de nuestro alcance.*

Loco por las ventas: *Permítame conocer un poco más, mi interés es ayudarlo; ¿cuán lejos está de su presupuesto? ¿Cuál es el precio que se ajusta a sus posibilidades?*

Prospecto: *Más de un 20 por ciento.*

Loco por las ventas: *Comparemos esa diferencia de precio con los beneficios que podemos aportarle; verá que vale la pena hacer el esfuerzo... ¿No le ha pasado que a veces los presupuestos duros no le dejan realizar y tomar decisiones beneficiosas?*

Conclusión: el loco por las ventas habla como si estuviera convencido de que la venta es segura y termina contagiando esa convicción al prospecto.

Cierre de doble opción

Se trata de ofrecer siempre dos opciones o más. Mediante un proceso de eliminación, se provoca la decisión a favor del vendedor.

Prospecto: *Vuelva la semana entrante.*
Loco por las ventas: *¿El lunes, o el martes?*
Prospecto: *El martes.*
Loco por las ventas: *¿Por la mañana, o por la tarde?*
Prospecto: *Por la mañana.*
Loco por las ventas: *¿A las 8, o a las 10?*
Conclusión: el loco por las ventas se aprovecha de la pereza que el prospecto tiene para pensar. Tampoco deja nada librado al azar y a la posibilidad de que el prospecto des-

pués diga que él había dicho la semana entrante pero no por la mañana.

Cierre pregunta

Consiste en emitir una pregunta al final de la frase para lograr un estímulo positivo y dirigirse al cierre.

Loco por las ventas: *Es importante la salud de nuestros hijos, y para proteger su vida sana debemos invertir en un seguro médico, ¿está de acuerdo?*
Prospecto: *Sí.*
Loco por las ventas: *Yo tomé la misma decisión. Firme la solicitud y estará protegiendo su salud desde este momento.*
Conclusión: el loco por las ventas siempre busca una oportunidad para no resultar chocante al pedir la firma de la solicitud y cuando cree que la venta está madura, acude a una pregunta en la que el prospecto está obligado a decir "sí" y dar la oportunidad de coincidir en un acuerdo que se resuelve firmando y aprobando la solicitud. Las preguntas más habituales son: *¿Verdad?, ¿No le parece?, ¿No es cierto?, ¿No lo cree así?*

Cierre ping pong

Funciona cuando el prospecto hace una pregunta que llevará mucho trabajo responder. Se lo desafía con el canje por la compra.
Prospecto: *Nunca escuché su producto de boca de alguien que lo haya probado.*
Loco por las ventas: *Si le paso con un cliente mío, elegido por usted de esta lista, y le habla bien del producto, ¿compraría ahora mismo?*

Como habrá notado, estas técnicas son insuficientes si antes no hizo bien su trabajo de ventas. El cierre es una conclusión a un trabajo bien hecho y debe aplicarse como se indica en estas técnicas, pero en el momento justo y apropiado, y eso, estimado lector, es algo que no puede enseñarse en un libro; es la parte de la profesión que se aprende con la experiencia. El secreto es perderle el miedo a la práctica de cerrar la venta, porque el temor es el principal enemigo del vendedor. Imagínese un médico cirujano que aprendió y aprobó todas sus materias, se recibió con honores, pero al hacer su práctica en un hospital siente miedo de cortar al paciente: su carrera estará acabada. Pues lo mismo le sucede al vendedor que lee este u otros libros, pero después siente miedo de aplicar lo aprendido y hacer la pregunta del cierre.

Los locos por las ventas son grandes *cerradores* y cuando uno le pregunta sus secretos no hablan del tema. Prefieren sonreír y decir que la *suerte* los acompaña en sus carreras. La verdad es que saben que su profesión exige controlar el miedo, y que para que la venta no sea solo un relato, un cuento o una exposición del producto, se debe terminar con un cierre efectivo y contundente que provoque la compra.

El cierre de ventas es visto por los vendedores comunes como un *atrevimiento*, como una *falta de respeto al tiempo para pensar del prospecto* y como un camino fácil hacia la frase *No quiero*. En cambio, para el loco por las ventas, es una manera de ayudar a que el otro tome decisiones buenas para él. Lo que un excelente vendedor hace todo el tiempo es *ayudar profesionalmente a otra gente a comprar* y si eso implica tomar la decisión por ellos o presionarlos levemente para que lo hagan, siempre es positivo, porque el resultado es hacer más feliz al prospecto con el producto o servicio que adquirió.

El loco por las ventas ni siquiera piensa que se trata de un *cierre*, sino que, al revés, para él es la *apertura* de una relación ganar-ganar, que puede durar toda la vida.

CAPÍTULO 7

SEA UN LOCO FANÁTICO
DE LAS VENTAS

Pensamientos que ayudan a transitar
el camino profesional de ventas

Quiero agradecerle haber llegado a esta parte del libro, porque cada palabra que escribí antes era para traerlo hasta aquí, y espero que se encuentre satisfecho por lo que leyó y aprendió. También deseo expresarle que cuando lo invito a volverse loco por las ventas o a descubrirse como tal, no me refiero a apartarse de la cordura inconscientemente y a correr riesgos irrazonables, sino a esa locura genial que producen el amor y el fanatismo por lo que uno hace. Michel Foucault, un filósofo francés muerto en 1984, dijo lo que yo intento transmitirle y no podría expresar de mejor manera: *Apartarse de la razón sin saberlo, porque se está privado de ideas, es ser un imbécil; apartarse de la razón, sabiéndolo, porque se es esclavo de una pasión, es ser débil; pero apartarse con confianza y con la firme persuasión de que se la sigue, es de genios, genios locos.*

Creo fervientemente que los mejores vendedores de la historia fueron todos fanáticos de esta profesión hasta la locura. Si usted se sintió identificado con lo que expreso aquí es uno de ellos. Y será tildado de loco hasta por haber comprado este libro. Le sugiero que no se deje cambiar, que mantenga esa linda locura. Fíjese a continuación dos argumentos históricos que avalan el éxito de ese comportamiento y esa actitud.

Es raro encontrar mucho genio unido a mucha razón; por el contrario, un talento genial está sometido muchas veces a vivos afectos y pasiones poco razonables.

Arthur Schopenhauer

He conocido muchos vendedores profesionales que han estado sometidos a vivos afectos por lo que venden y pasiones poco razonables por lo que hacen.

Las grandes almas o considerados locos siempre se han encontrado con una oposición violenta de las mentes mediocres o considerados cuerdos.

Albert Einstein

También me he topado con vendedores geniales, únicos en su capacidad, que han sido destruidos anímica y hasta económicamente por la oposición de compañeros y jefes con mentes mediocres.

Una vez leí que cuando un empleado se excusó con Thomas Alba Edison diciendo *Probé todas las soluciones lógicas,* él le respondió: *¡Qué suerte! Ahora puede comenzar por las irrazonables y resolver la cuestión rápidamente. Lo razonable nunca funciona.* Inmediatamente me vino a la mente la cantidad de veces que como gerente de Ventas encontré soluciones en las ideas más irrazonables de mis vendedores. Mi éxito muchas veces se debió a aceptar las más incongruentes opciones que mis empleados proponían y defenderlas ante mis jefes como si fueran lógicas. Hasta hoy recuerdo uno de los carteles que leí en una sala de vendedores de una multinacional: *Haz un trabajo de ventas razonable y obtendrás un sueldo razonable; procura trabajar irrazonablemente y obtendrás un sueldo irrazonable, que quizás supere hasta el de un gerente general.*

Me cuesta y me duele conocer montones de vendedores que no aman lo que hacen. Veo cómo algunos desprestigian la profesión al no prepararse, no estudiar, no asistir a cursos y manejarse tibiamente, como si fuera solo un trabajo de paso, como si fuera fácil hacerlo. Por eso, si usted no es un fanático de las ventas, si usted no está loco por vender, y este libro no le mueve un pelo, por favor, abandone esta profesión ya, y deje que alguien con pasión y locura haga su tarea de ventas.

No soy el dueño de la verdad, ni intento colocarme en algún lugar superior a usted, solo porque yo fui el que escribió y usted el que lee. Soy un vendedor, como usted, y lo que digo puede ser cierto o puede no serlo. Son solo experiencias llevadas a un libro con la misma pasión que siento por las ventas. Es más, a veces creo estar demasiado loco y necesito, para recuperar mi tranquilidad, buscar pensamientos que confirmen que lo que pienso pueda pertenecer a la locura consciente y no a locura peligrosa. Transcribo a continuación los pensamientos que he reunido en esos momentos. No se pierda la oportunidad de leerlos y jugar con sus palabras.

En los siguientes pensamientos, pruebe cambiar la palabra *loco* por *vendedor* y *locura* por *venta*. Luego saque sus propias conclusiones.

> *Hay un placer en la locura que solo los locos conocen.*
> Pablo Neruda

> *Los locos descubren caminos que después recorren los cuerdos.*
> Groucho Marx

> *Si el loco persiste en su locura, se volverá sabio.*
> William Blake

> *Búrlate de un loco, pero también recuerda que un solo momento de lucidez de un loco puede generar una obra maravillosa.*
> Anónimo

> *Del loco es el reino de los sueños; del cuerdo es el reino del temor.*
> Bersuit Vergarabat

Finalmente, estimado lector

Decidí escribir sobre la locura de los vendedores profesionales, porque veo a cientos de ellos que nunca logran un comportamiento profesional a causa de que no encuentran la pasión por el trabajo de ventas. Y veo a otros tantos, que como me sucede a mí, se apasionan hasta la locura; se fanatizan con la tarea, compran cientos de libros, asisten a miles de cursos, viven cada minuto de su actividad con entusiasmo y siempre son considerados *locos* por su entorno. Por usted, por ellos, por mí, por nosotros, escribí este libro; para que nos sintamos orgullosos de ser profesionales de las ventas, felices de estar locamente enamorados de una profesión que solo sabe dar satisfacciones y que nos brinda una personalidad indiscutiblemente desequilibrada, pero también indiscutiblemente dichosa.

Algunos genios, también considerados locos, que han guiado con sus enseñanzas mi carrera profesional

Jesucristo

Eligió hablar con la gente, recorriendo pueblos, y reuniéndose con otros para convencerlos de la palabra de Dios y también fue considerado un loco. Luego, con doce discípulos, vendedores de su doctrina, logró millones de fieles y un cambio en toda la humanidad.

Cada vez que hago un trabajo de ventas, busco vender un producto que me produzca orgullo y mejore la vida de las personas a las que se lo vendo y sentirme cerca de sus enseñanzas.

Galileo Galilei

Vendió la idea más loca emitida por un hombre en su época: la de la Tierra redonda, ¡qué locura!

Cuando lo que vendo no es conocido y poco creíble para mis prospectos, me acuerdo de su perseverancia y lucha por sus ideas.

Cristóbal Colón

Vendió la posibilidad de que le financiaran el viaje más importante de la humanidad. Le costó años, hasta que por fin pudo vender su idea a la reina de España, Isabel la Católica.

Cuando en la venta recibo muchas negativas, recuerdo los intentos de Colón, su lucha, sus argumentos y su búsqueda del cliente perfecto que lo llevara a cumplir su sueño.

Walt Disney

Vendió alegría, vendió felicidad para todos los niños y adultos con alma de niños. Vendió la locura de disfrutar de un parque de diversiones al que, para ir, había que viajar miles de kilómetros.

Nos sigue vendiendo la idea de que está vivo.

Cuando vendo, trato, como Walt Disney, de hacer que sea mágico cada momento del prospecto. Que la magia no dure solo cuando compra el producto; peleo por mantener vivo el sueño que lo llevó a comprarme.

Bill Gates

Vende un producto defectuoso con tanta habilidad, que lo usamos la mayoría de los habitantes de la Tierra. Quizá sea la empresa con mayores ingresos como para invertir en que su producto sea perfecto, pero nunca llega a serlo. ¿O a usted nunca se le colgó su sistema?

Vivo interesándome en cómo hacen los que triunfan. Me nutro de experiencias que me muestran que aunque no se tengan todas las variables a favor, igual se puede ser el número uno en ventas.

Alex Dey

La persona que prestigió las ventas en Latinoamérica. Llevó esta profesión a lo más alto y transformó a millones de personas en vendedores profesionales.

Durante toda mi carrera de ventas, cada vez que pensaba cómo hacer para resolver alguna situación difícil, mis pensamientos eran videos proyectados de Alex Dey en mi cabeza. Guardo mis casettes, mis videos y mis DVDs *de Alex Dey como el cofre de un tesoro que me reveló lo fantástica que es esta profesión.*

Mi declaración profesional

Pienso en superación de metas hasta en lo más trivial.

Desde cómo llegar a la esquina antes que el pelado que camina delante de mí, hasta cómo negociar por el pedazo más grande de la torta en un cumpleaños.

Vendo todo el tiempo, vendo una salida de fin de semana, vendo eso que compré y me encantó, vendo para que compren mis ideas, vendo y me apasiono cuando tengo la oportunidad de hacerlo.

Sé lo importante que soy para el mundo. Sin vendedores, ningún conductor tendría su auto, ninguna persona tendría su casa, nadie poseería nada, porque para poseer hay que comprar y para comprar hay que contar con un vendedor como yo.

No creo eso de que la venta sea un trabajo inestable. Sé que, si soy bueno, tengo trabajo asegurado. Veo todo el tiempo cómo echan a un excelente administrador por problemas de relaciones humanas y suelo escuchar muchas veces a jefes y dueños decir *Lo echaría, ¡pero vende tan bien!*

Soy cazador cuando estoy en la selva y soy sembrador cuando estoy en el campo.

No estoy de acuerdo con el promedio, me gusta destacarme, busco siempre la autosuperación. El mes más alto de ventas siempre es el que estoy empezando. El mejor pronóstico de ventas es el que hago yo mismo.

Sé que estoy en una actividad desprestigiada, pero contesto a esa ignorancia mostrándome como profesional. No tengo título que lo avale, pero sí actitud y comportamiento que lo confirman.

Busco siempre ser positivo y estar con gente positiva, veo al fracaso como la lepra, no quiero estar cerca de quien lo padece.

Soy desordenado como todo vendedor que corre y se le van cayendo cosas, pero tengo un método, una técnica personal y amo la persistencia.

Aprendí que vendedor no se nace, se hace con la experiencia y el estudio, por eso me capacito constantemente, tanto es así que me he transformado en una esponja de conocimiento de colegas exitosos.

Me gusta estar con otros vendedores que sienten igual, pero prefiero a los que han logrado más que yo, sé pedir ayuda, quiero aprender, quiero mejorar, quiero vender mejor. Sé que a algunos les parezco pesado, como todos los vendedores, y a otros, hasta vago. También están los que envidian lo que gano y la libertad que tengo de manejar mi tiempo, y me río, me río como los que van primero, me río sin mirar para atrás.

Empiezo el mes ansioso, lo transito atento, y lo cierro feliz.

Soy vendedor, ¿y qué? Estoy orgulloso de serlo

Consejo: empiece su camino profesional haciendo su propia declaración, siguiendo la mía o mejorándola; luego colóquela en algún lugar de su oficina o en su PC. Nunca le falte el respeto a su orgullo de vendedor, y será feliz con su profesión.

Este libro se terminó de imprimir
en el mes de octubre de 2012,
en Arcángel Maggio S.A.
Lafayette 1695 - Buenos Aires - Argentina

.

www.ingramcontent.com/pod-product-compliance
Lightning Source LLC
Chambersburg PA
CBHW060557200326
41521CB00007B/599